— — —

Besonderer Dank gilt: Johannes Fuchs und Jörg Gimmler, für die Zusammenarbeit bei der Ausstellung „Material Vision" im Februar 2003. | Stefan Wunderlich für die Überarbeitung und Übersetzung der Ausstellungstexte. | Den Firmen und Instituten für ihre großzügige Unterstützung und der Bereitstellung der Exponate. | Petra Schmidt für die Idee zu einem Buch zur Ausstellung. | Der Messe Frankfurt, für die Realisierung der Ausstellung. | Muriel Comby für die Gestaltung, Anna Callori und Karoline Mueller-Stahl für die editorische Unterstützung.

— — —

Special Thanks to: Johannes Fuchs and Jörg Gimmler for their co-operation in the realization of the exhibition "Material Vision" in February 2003. | Stefan Wunderlich for the revision and translation of the texts for the exhibition. | The companies and research institutes for their generous support and for providing the exhibits. | Petra Schmidt for the idea of turning the exhibition into a book. | Messe Frankfurt for the realization of the exhibition. | Muriel Comby for the layout, Anna Callori and Karoline Mueller-Stahl for their editorial support.

NICOLA STATTMANN

ULTRA LIGHT – SUPER STRONG

NEUE WERKSTOFFE FÜR GESTALTER
A NEW GENERATION OF DESIGN MATERIALS

EDITION FORM

BIRKHÄUSER – VERLAG FÜR ARCHITEKTUR
BASEL · BOSTON · BERLIN

Diese Publikation wurde freundlicherweise unterstützt von der Messe Frankfurt.

— — —

This publication was kindly supported by the Messe Frankfurt.

— — —

Übersetzung/Translation: Jeremy Gaines, Frankfurt

— — —

Layout und Umschlaggestaltung/Layout and cover design: Muriel Comby, Basel

— — —

Bibliografische Information Der Deutschen Bibliothek
Die Deutsche Bibliothek verzeichnet diese Publikation in der Deutschen Nationalbibliografie; detaillierte bibliografische Daten sind im Internet über <http://dnb.ddb.de> abrufbar.

— — —

Der Birkhäuser Verlag ist ein Unternehmen der Fachverlagsgruppe BertelsmannSpringer

— — —

www.birkhauser.ch
www.form.de

— — —

Gedruckt auf säurefreiem Papier, hergestellt aus chlorfrei gebleichtem Zellstoff. TCF ∞
Printed in Germany

— — —

ISBN 3-7643-2417-1

— — —

9 8 7 6 5 4 3 2 1

NATURE-TECH

INTEGRIERTE INTELLIGENZ — INTEGRATED INTELLIGENCE

ULTRA LIGHT–SUPER STRONG: WIDERSPRÜCHLICHE ANFORDERUNGEN AN NEUE MATERIALIEN

In der Entwicklung von neuen Werkstoffen stellen Kombinationen von sich zum Teil widersprechenden Eigenschaften eine besondere Herausforderung dar. Um neue Forschungsfelder und Technologien entwickeln zu können, werden Werkstoffe benötigt, die die bisher bekannten chemischen und physikalischen Gesetze zu widerlegen scheinen. Sie müssen extreme Eigenschaften in sich vereinen, um den hohen Anforderungen, die an ein Produkt oder eine Konstruktion gestellt werden, entsprechen zu können.

Eine Keramik, die bis 1300° C temperaturbeständig, dreimal so hart wie Stahl und außerdem transparent wie Glas ist, verbindet die Eigenschaften von drei Werkstoffen miteinander. Die Herstellung dieser Werkstoffe erfolgt in der Regel, indem pulverisierte Materialien oder Moleküle, die sich durch spezifische Eigenschaften auszeichnen, vermischt und somit zu neuen Werkstoffen zusammengefügt werden. Die resultierenden Materialien sind nicht mehr eindeutig ein Holz, eine Keramik, ein Metall oder ein Kunststoff, sie werden nach anderen Kriterien qualifiziert und in der Werkstoffwissenschaft als maßgeschneiderte Werkstoffe bezeichnet.

Erste Verwendungen finden diese maßgeschneiderten Werkstoffe in der Regel zunächst in Medizin, Elektronik, Optik, Raumfahrt, Luftfahrt, Robotronik, im Hochleistungssport oder im Automobilbau. Aber auch für die Entwicklung von Alltagsprodukten können diese Materialien von Bedeutung sein. Werden sie entsprechend ihren Eigenschaften ausgewählt und kombiniert, können aus maßgeschneiderten Werkstoffen „maßgeschneiderte" Produkte entstehen. Bekannte Beispiele hierfür sind Teflon, technische Kunststoffe wie ABS oder auch Abstandsgewirke, die ursprünglich als Verstärkungsmaterial für pneumatische Anwendungen entwickelt worden sind, dann aufgrund ihrer Luftdurchlässigkeit auch als Untermaterial für klimatisierte Automobilsitze und für atmungsaktive Rucksackpolster verwendet wurden. Seit Frühjahr 2003 werden Abstandsgewirke als Sitzfläche für Sessel eingesetzt. Sie sind Polstermaterial und Bezug in einem.

Die Entwicklung neuer Werkstoffe ist häufig mit der Entwicklung neuer Herstellungsverfahren verbunden bzw. durch die Entwicklung einer neuen Technologie kann ein bestehendes Material auf neue Weise geformt werden. Beide Bereiche – neue Materialien und neue Verfahren – sind somit nicht getrennt voneinander zu sehen.

Die in diesem Buch vorgestellten Werkstoffe und Technologien wurden ursprünglich für eine Ausstellung zusammengestellt. Es handelt sich bei ihnen um eine Auswahl von neuen Entwicklungen, die sich entweder noch in der Forschung befinden oder die bereits in sehr spezifischen Gebieten eingesetzt werden. Da, wie oben beschrieben, diese Werkstoffe nicht mehr eindeutig in die Gruppen Holz, Keramik, Kunststoff etc. eingeordnet werden können, habe ich versucht, neue Zuordnungen zu finden, die das Potenzial dieser Entwicklungen beschreiben: *Optimale Eigenschaften, Form Verändernd, Neue Technologie, Nature-Tech, Integrierte Intelligenz.*

Diese Zuordnungen beruhen auf Erfahrungen und sind subjektive Verknüpfungen auf Grundlage ständiger intensiver Beschäftigung mit dem Thema. Auch hier sind die Übergänge fließend und ein Material oder Produkt kann inhaltlich auch zu zwei Gruppen gehören. Die Einordnung erfolgt dann nach dem Kriterium der außergewöhnlichsten Eigenschaft,

ULTRA LIGHT – SUPER STRONG: CONFLICTING DEMANDS ON NEW MATERIALS

Combining contradicting properties can represent a particular challenge in the development of new materials. Developing modern fields of research and technology requires substances which would appear to contradict the traditional laws of physics and chemistry. In order to meet the demands imposed on products and buildings today, materials must be able to accommodate extreme opposing properties.

Ceramics, which can withstand temperatures up to 1300°C, is three times harder than steel and as transparent as glass and combines the characteristics of three different substances. As a rule these substances are created by fusing pulverized material and/or molecules which display specific characteristics to form a new substance. The resulting substances cannot be categorized simply as wood, ceramics, metal or plastic. They are classified using other criteria and within the field of material science are referred to as custom-made materials.

They are used initially in the fields of medicine, electronics, optics, astronautics, aeronautics, robotics, top-level athletics and the automobile industry. Such substances can also be important in the development of everyday items. If they are selected and combined on the basis of their particular qualities, custom-made materials can be transformed into custom-made products. Some well-known examples are Teflon, synthetic materials like ABS and spacer fabrics which were first developed as reinforcement for pneumatic applications but because of their ventilating qualities, they were used as inside layers for heated car seats and as padding for rucksacks. Since spring 2003, spacer fabrics are being used for seats on chairs, functioning as both padding and seat cover at one and the same time.

The development of a new material often goes hand in hand with the development of a new means of production, and the development of new technology can also result in new methods of producing materials that already exist. As such, the two fields – new materials and new means of production – should not be considered separately.

The materials and technologies presented in this book were originally collected for an exhibition. They are select items, either still at the research stage or already in use in very specific circumstances. As mentioned above, these materials cannot be categorized in groups such as wood, ceramics, synthetics, etc. and I have therefore endeavoured to establish new classifications which highlight their potential: *Optimal Properties, Form Changing, New Technology, Nature-Tech, Integrated Intelligence.*

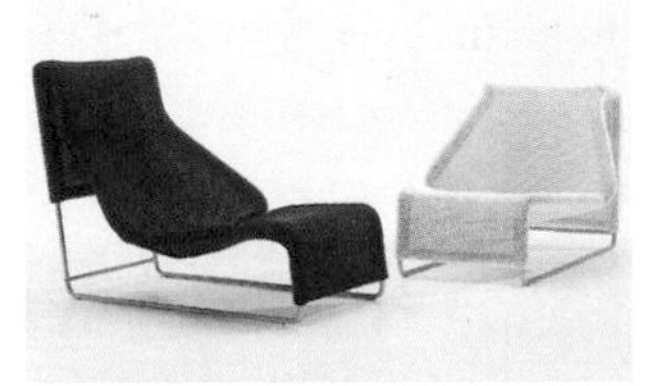

Lazy, Polster/Bezug aus Abstandsgewirk, von Patricia Urquiola für B&B Italia, 2003.

Lazy, upholstery and covers made of knitted hosiery, by Patricia Urquiola for B&B Italia, 2003.

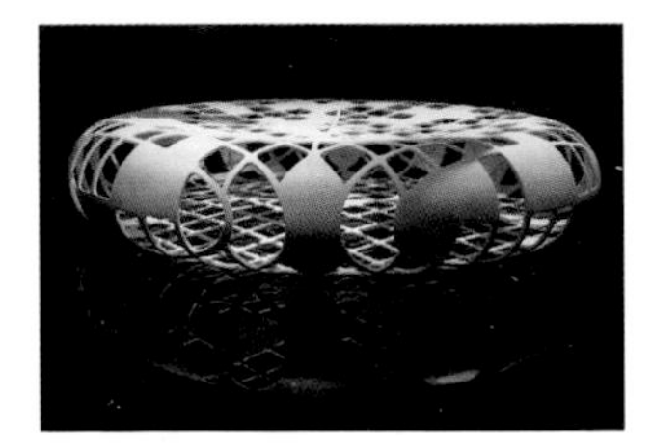

Osorom, Prototyp Sofa, von Konstantin Grcic für Moroso, 2003.

Osorom, prototype sofa by Konstantin Grcic for Moroso, 2003.

die aus meiner Sicht als Produktdesignerin für die weiteren Anwendungen am interessantesten ist. Die Einflüsse dieser Aufgabenstellungen auf Produktentwicklung, Herstellungsbedingungen, Wahrnehmung, Gestaltung, Umwelteinflüsse, Kosten und dergleichen sind vielfältig. Es ist spannend, wie und wann diese Veränderungen neue Produkt-Möglichkeiten generieren und generieren werden.

OPTIMALE EIGENSCHAFTEN

maximale Sicherheit, minimales Gewicht, maximale Belastbarkeit, minimale Kosten, maximale Flexibilität, maximale Abriebfestigkeit, minimale Materialdicke, maximale Temperaturbelastbarkeit …

Dies sind einige der Kriterien, um die es in der Entwicklung von Werkstoffen mit optimalen Eigenschaften geht. Um die anvisierten Anforderungen zu erfüllen, werden verschiedene Inhaltsstoffe miteinander kombiniert. Mittels dieser Veränderung der Zusammensetzungen und des Herstellungsprozesses wird der Versuch unternommen, den Werkstoff entsprechend den an ihn gestellten Anforderungen zu modifizieren. So entstanden zum Beispiel transparente, spritzgießbare, gepresste, flexible und faserverstärkte Keramiken oder Keramik in Form von Folien. Ziel ist, dass ein möglichst breites Spektrum an Verarbeitungsmöglichkeiten zur Verfügung steht und somit optimale Möglichkeiten bestehen, Lebensdauer, Sicherheit, Belastbarkeit, optische Eigenschaften, Recyclierbarkeit etc. zu verbessern.

Werkstoffe mit „optimalen Eigenschaften“ können für ein Produkt neue Einsatzgebiete erschließen oder zusätzliche Funktionen ermöglichen. So kann die Verwendung von Kunststoffen, die auch unter extremen Minustemperaturen nicht spröde werden, die Sicherheit von Sport-Equipments verbessern. Oder ein besonders schlagfester Kunststoff im Werkzeugbereich kann den schwereren Stahl ersetzen und das betreffende Gerät handhabbarer machen.

Modifizierte Materialeigenschaften können auch bedeuten, dass das Material mit anderen Werkstoffen kombiniert, verbunden oder beschichtet werden kann. Verbesserte Oberflächeneigenschaften und Resistenzen sind die hier zu nennenden Vorteile, die beispielsweise eine Nachbearbeitung des Bauteils überflüssig machen. Einen weiteren Aspekt stellt die Herstellung von Monomaterial-Produkten dar. Dies bedeutet, dass das Produkt in einem einzigen Prozessschritt entsteht. Ein Klassiker in diesem Bereich ist der Panton-Stuhl als Spritzgussvariante aus dem Polymer ABS. Monomaterial-Produkte stellen höchste Anforderungen an die verwendeten Materialien und können aufgrund des minimalen Materialeinsatzes und der

Mobile phone, 2K Oberschale teilweise aus Nachtleuchtendem Kunststoff, von Designafairs für Siemens AG, 2002.

Mobile phone, 2C upper shell partly made of night-glo plastic, by Designafairs for Siemens AG, 2002.

Stuhl-Prototyp, extrudiertes Aluminium-Profil, von Vico Magistretti für Thonet Vienna, 2003.

Prototype chair, extruded aluminum profile, by Vico Magistretti for Thonet Vienna, 2003.

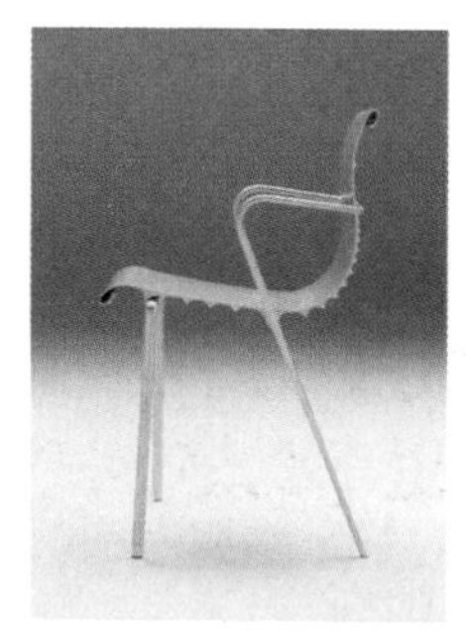

These categories are based on experience, and are subjective permutations resulting from long-term, intensive study of the subject matter. Here again there are no fixed boundaries and based on its make-up a material or product can well belong to two groups. Items are categorized according to their most extraordinary characteristic, which in my view as a product designer, is most likely to result in further applications. The influence that these tasks have on product development, production conditions, perception, design, environmental factors, costs and the like is very varied. It is exciting to see how and when these developments generate and will generate new products.

OPTIMAL PROPERTIES

maximum safety, minimum weight, maximum resistance to strain, minimum cost, maximum flexibility, maximum resistance to abrasion, minimum density, maximum temperature resistance ...

These are some of the criteria which play a part in the development of materials with optimum properties. In order to meet these projected requirements, various components are combined. Changing its composition in this way as well as the process by which it is produced is an attempt to modify a substance such that it meets the specified requirements. Such experiments have resulted in the development of transparent, injection-mouldable, compact, flexible and fibre reinforced ceramics as well as ceramics in the form of foil. The goal is to develop as wide a range of production methods as possible, thus creating the best enviroment for improving shelf life, safety, resistance to strain, visual qualities and recycling properties, etc..

Materials with "optimal properties" can open up new markets and provide a product with additional functions. In this way, the use of synthetics which do not become brittle at extremely low temperatures can contribute to the safety of sports equipment. An especially strong but light synthetic material might be a suitable replacement for heavy steel, thereby making a particular tool more user-friendly.

Modified material properties can also mean that materials can be combined, fused or coated with other substances. Improved and more resistant surface materials could make the renovation of certain structures superfluous. Another aspect is the production of monomaterial products, meaning that the product is manufactured in one single step. A classic example is the Panton Chair, a variation on the injection-moulded polymer ABS. Mono-mate-

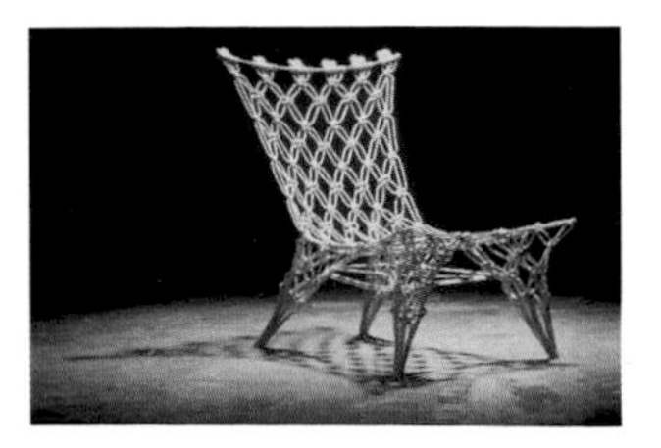

Knotted chair, geknotetes Seil (Makramee) in Polymerbad/Epoxy getaucht, von Marcel Wanders, 1996.

Knotted chair, knotted rope (macramee) immersed in an epoxy/polymer solution, by Marcel Wanders, 1996.

PicNic, Aluminiumblech, von Xavier Lust und Dirk Wynants für Extremis, 2002.

PicNic, sheet aluminum, by Xavier Lust and Dirk Wynants for Extremis, 2002.

technischen Präzision ästhetisch sehr faszinierend sein. Die Verwendung von Werkstoffen, die extreme Eigenschaften miteinander verbinden, kann neue formale und funktionale Lösungen und eine kostengünstige Herstellung von Monomaterial-Produkten ermöglichen.

FORM VERÄNDERND

Keramik wird gedreht, gegossen, glasiert..., Holz wird gesägt, gefräst, gebohrt, gehobelt..., Metall wird gegossen, geschweißt, gefräst, gebohrt...

Dies sind die bisherigen Verarbeitungsmöglichkeiten. Durch neue Entwicklungen bestehen diese bekannten Beziehungen zwischen Werkstoff und Technologie nicht mehr zwangsläufig. Holz kann heute in kunststoffspezifischen Verfahren verarbeitet werden, Keramik wird geschweißt und Metall gestrickt. Neue Werkstoffe werden so modifiziert, dass ihre ursprünglichen Materialeigenschaften erhalten bleiben, sie jedoch in anderen Formgebungsprozessen verarbeitet werden können. Es entstehen neue Zusammenhänge, die die entsprechenden Werkstoffe für andere Zwecke und Produkte verwendbar machen. Keramik wird wie eine Art Textil zu Sandwichbauteilen gewickelt und Textilien werden mit Metall beschichtet. Jedes Formgebungsverfahren besitzt seine spezifischen Vorteile für die Herstellung und Gestaltung von Produkten und ebenso besitzt jeder Werkstoff seine spezifischen Eigenschaften. Um eine große Bandbreite an möglichen Kombinationen zur Verfügung zu haben, arbeitet man in der Forschung u. a. daran, möglichst viele Materialien im Spritzgussverfahren verarbeiten zu können oder einen Werkstoff wie Keramik so zu modifizieren, dass er in möglichst vielen Formgebungsverfahren verarbeitet werden kann.

Für die Gestaltung bedeutet dies, dass eine geschweißte Konstruktion nicht zwangsläufig aus Metall und etwas Gestricktes nicht zwangsläufig aus Wolle oder synthetischer Faser bestehen muss. Für die Entwicklung und Realisierung von Produkten steht heute ein großes Spektrum an Kombinationen zur Verfügung. Diese ermöglichen es, neu über Form, Detaillierung und Aussage eines Gegenstands nachzudenken.

NEUE TECHNOLOGIEN

schnellere Prozesse, schnellere Taktzeiten, weniger Energieaufwand, weniger Abfall, weniger Verschmutzung und weniger Werkzeugkosten.

Dies sind Kriterien für die Verbesserung bestehender Verfahren und für die Entwicklung neuer Technologien. Rasch wechselnde Produktpaletten und sich kurzfristig verändernde

None Rota, „Stuhl-Tonne", hergestellt im Spritzgussverfahren, dann in zwei Stühle geschnitten, von Ron Arad für Cappellini, 2003.

None Rota, "barrel chair", made by injection molding, then cut into two chairs, by Ron Arad for Cappellini, 2003.

rial products place very high demands on the material and, with minimum material usage and great technical precision can be aesthetically fascinating. The use of substances which combine extreme properties can lead to new scope in formal and functional areas as well as enabling low-cost production of mono-material products.

FORM CHANGING

Ceramics are lathed, cast, glazed... Wood is sawed, milled, drilled, planed...
Metal is cast, welded, milled, drilled...

To date, these have been the processing methods available, but as a result of new technology, we are no longer limited to treating substances in these ways alone. Nowadays, wood can be processed in the same way as synthetics, ceramics can be welded and metal can be knitted. New materials have been modified in such a way that they maintain their original properties while being processed using different design processes. New contexts have been created, enabling materials to be used for different purposes and products. Ceramics can now be coiled like textiles and used as sandwich panels, and textiles can be coated like metals. Just as every processing method has specific advantages for the manufacture and design of certain products, every material also has its specific properties. In order to provide a broad spectrum of potential combinations, researchers are working on ways of treating as many substances as possible by injection moulding as well on modifying, for example, ceramics in such a way that it can be processed in many different ways.
For design purposes this means that a welded structure no longer necessarily needs to be made of metal, nor does a knitted product have to be made of wool or a synthetic fibre. Today, designers and manufacturers have a wide range of combinations at their disposal for the development and realization of products, making it possible to think anew about the concepts of form, detail and expression of an object.

NEW TECHNOLOGY

faster processing, faster throughput times, less energy consumption, less waste, less pollution and less expense for machinery and tools

These are the criteria for the improvement of existing procedures and for the development of new technologies. Fast changing product ranges and rapidly altered market condi-

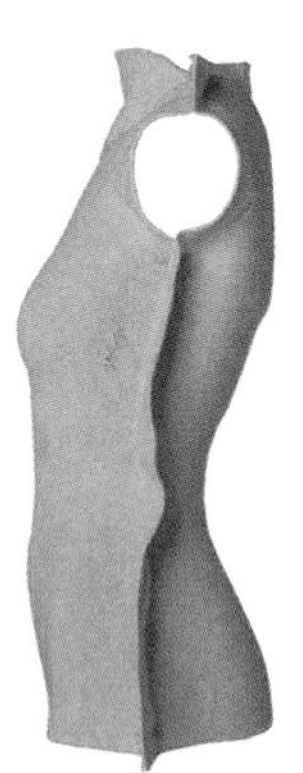

Pullover, Kollektion APOC hergestellt im 3D-Strick Verfahren, von Issey Miyake 1998/99.

Pullover, APOC collection, made using a 3-D knitting process, by Issey Miyake, 1998/99.

Marktsituationen erfordern Verfahren, die einen schnellen Prototypenbau ermöglichen, einen schnellen, kostengünstigen Werkzeugbau, und die eine flexible Umnutzung der Maschinen erlauben. Im Bereich der Verbindungstechnologien werden neue Verfahren entwickelt, die eine formschlüssige feste Verbindung von unterschiedlichen Materialien herstellen können. Mittels Ultraschall- und Laserverfahren können Bauteile hergestellt werden, die aus zwei Werkstoffen bestehen und dadurch optimal die technischen Anforderungen erfüllen.

Neue Beschichtungstechnologien ermöglichen es, einfache und preiswerte Materialien durch eine dünne und dennoch hochwertige Schicht zu veredeln. Auch hier werden unterschiedliche Materialien miteinander kombiniert. Kunststoffe können galvanisiert (Auftragen einer Metalloberfläche), mit einer Keramikschicht oder einer glasähnlichen Schicht überzogen werden.

Um abfall-, schadstoff- und energieintensive Prozesse zu verbessern, werden enorme Anstrengungen unternommen. Verfahren werden modifiziert, so dass sie aktuellen Umweltschutzauflagen entsprechen. Durch optimale Ausnutzung der Rohstoffe, integrierte Recycling- und Rückführungsprozesse oder abfallarme Produktion durch CAM (computer added manufacturing) werden zusätzlich Kosten verringert.

Mehrere Prozessschritte können miteinander verbunden werden. So zum Beispiel beim dreidimensionalen Stricken. Hier entstehen Material und Endprodukt gleichzeitig, indem die dreidimensionale Form computergesteuert hergestellt wird. In diesem Fall bedeutet es eine Einsparung folgender Prozessschritte: herstellen des Gewebes oder der Strickware, Konfektion und Schnitt, Nähen und Versäubern. Außerdem fällt kein Verschnitt an.

Wie oben bereits erwähnt, ist die schnelle und möglichst endproduktnahe Herstellung von Modellen oder Prototypen, das Rapid-Prototyping, ein Zweig, der mit großem Interesse weiterentwickelt wird. Auf unterschiedliche Weise können, anhand eines zuvor erstellten Datensatzes, mit relativ geringem Zeit- und Werkzeugaufwand Prototypen aus Metall, Keramik und Kunststoffen hergestellt werden, die den mechanischen, optischen und chemischen Eigenschaften des späteren Produkts relativ genau entsprechen. Mit diesen Prototypen können erste Belastungstests gemacht werden, Design und Funktion überprüft und somit möglichst rechtzeitig Fehler und Ungenauigkeiten bemerkt werden.

Diese Verfahren, die ursprünglich „nur" zur Herstellung von Mustern und Prototypen entwickelt wurden, sind inzwischen sehr weit ausgereift. Sie lassen die Vision zu, dass zukünftig individuell auf den Benutzer zugeschnittene (custom-made) Produkte in diesen

Sinterchair, hergestellt im Stereolithographie-Verfahren, von Oliver Vogt & Hermann Weizenegger, 2002.

Sinterchair, made using a stereolithographic process, by Oliver Vogt & Hermann Weizenegger, 2002.

tions require processes whereby prototypes can be assembled quickly, tools produced cheaply and machines modified easily. In the field of combination technology, processes are being developed which will enable the swift manufacture of finished products by combining different materials. Using ultrasound and laser techniques dual-material building components can be produced which fully meet the technical requirements.

New coating technology enables inexpensive materials to be used to give products a thin yet high-quality finish. These methods also combine different materials. Synthetics can be galvanized (coated with metal) and can also be coated with ceramic or a glass-like substance.

Great effort has been invested in reducing waste, pollution and energy consumption. Processes have been modified to correspond to modern ecological standards. Additional costs could be minimized through the optimum use of raw materials, integrated recycling and return policies and low waste CAM (computer aided manufacturing).

It is also possible to combine several of the process stages at once. Three-dimensional knitting is a good example. The material and the finished product are created simultaneously, whereby the three-dimensional form is computer generated. In this case this results in the following production stages being eliminated: manufacture of the fabric or fibre, production of the garment, cutting, sewing and finishing, and in addition there are no off-cuts.

As mentioned earlier, development in the field of rapid prototyping (the fast manufacturing of models and prototypes which are as similar as possible to the end product) is an area in which a great deal of interest is being focussed. Using previously compiled data, there are various ways to produce prototypes from metal, ceramics or synthetics in a relatively short time and with little machinery. These prototypes possess more or less exactly the same mechanical, visual and chemical properties of the finished product. They can be used to conduct initial trials, and to put design and function to the test, thereby highlighting mistakes and irregularities at as early a stage as possible.

These processes, developed originally "only" for samples and prototypes, are now highly developed, and with them it is possible to envisage custom-made products being manufactured individually for customers. Orthopaedic products, which wrap around the body like a second layer of skin, as well as custom-made trousers (a concept of Levi's), and custom-made office chairs (designed with the weak muscles on my right hand side in mind) could all be manufactured using this process.

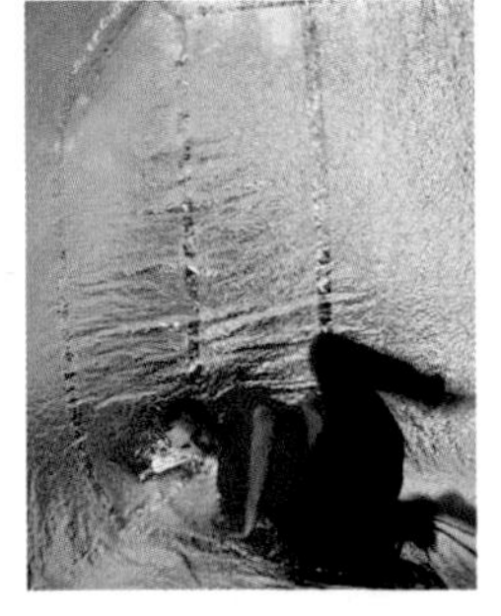

Basic home, min. Volumen, max. Isolation aufgrund der metallisierten Polyester-Folie, von Martin Ruiz de Azua, 1999.

Basic home, min. volume, max. insulation thanks to the metallized polyester foil, by Martin Ruiz de Azua, 1999.

Verfahren hergestellt werden können. Orthopädische Produkte, die wie eine zweite Haut (second skin) den Körper umgeben und die per Computerscan berechnet werden, wie die maßgefertigte Hose (Konzept von Levis) oder der maßgefertigte Bürostuhl, der meine Muskelschwäche auf der rechten Seite berücksichtigt, könnten mit diesen Prozessen hergestellt werden.

NATURE-TECH

Was geschieht, wenn sich die Werkstoffforschung mit dem Thema „nachwachsende Rohstoffe" auseinandersetzt?

Mitte der 80er Jahre begann sich die Forschung verstärkt mit der Entwicklung von Werkstoffen auf der Basis nachwachsender Rohstoffe und von Recyclingmaterialien zu beschäftigen. Im Bereich des Designs wurde Ökologie thematisiert, Produkte aus Naturmaterialien oder Ready-Mades waren die ersten Antworten darauf. Diese Auseinandersetzungen waren auch ideologisch sehr wichtig. Bis auf wenige Ausnahmen kamen die Produkte jedoch nicht über den Prototypen-Status oder die Kleinserie hinaus, da sie technisch noch nicht ausgereift waren.

Seitdem hat sich die Forschung intensiv dieses Themas angenommen; und inzwischen existieren die ersten Werkstoffe aus nachwachsenden Rohstoffen, die über sehr gute Materialeigenschaften verfügen. Ich bezeichne sie als Nature-Tech-Materialien, da sie aus dem Stadium der instabilen, unzuverlässigen Materialien herausgewachsen sind. Man kann sie mit den petrochemischen Kunststoffen vergleichen, sie sind ebenso prozesssicher, werden auf den gleichen Maschinen verarbeitet, sind genau so bruchsicher, transparent und oberflächenbeständig, andererseits aber beispielsweise kompostierbar. Zu dieser Gruppe gehören auch die Materialien, die zum Teil aus nachwachsenden Rohstoffen bestehen und gut recyclierbar sind.

Einer der Schwerpunkte in der Entwicklung von Nature-Tech-Materialien liegt darin, die Materialien so zu entwickeln, dass sie aufgrund ihrer Schmelzpunkte, Fließeigenschaften oder Aushärtungszeiten den entsprechenden thermoplastischen Kunststoffen gleichen und somit diese in der industriellen Produktion theoretisch ersetzen können, ohne dass neue Werkzeugkosten anfallen. Aus Sonnenblumenöl, Rapsöl, Getreide oder Mais werden heute Werkstoffe gemacht, die in ihren Eigenschaften den petrochemischen Pendants in nichts nachstehen. Es können beispielsweise die Eigenschaften von PET und PP erreicht werden. Es gibt

Watercone, System zur Gewinnung von Trinkwasser durch Verdunstung, von Stephan Augustin, 2002.

Watercone, system for extracting potable water by means of evaporation, by Stephan Augustin, 2002.

NATURE-TECH

What will happen when material research addresses the concept of "regenerative raw materials"?

In the mid-1980s, researchers began in earnest to apply themselves to the development of substances from regenerative raw materials and recycled substances. In the field of design, ecology became the catchword and products made from natural materials as well as ready-mades were the initial response. The topic was important from an ideological point of view, but because technology had not been sufficiently developed, with few exceptions most products did not progress beyond the prototype stage or were manufactured in small runs only. In the meantime intense research has been carried out in this field, and the first substances made from regenerative raw materials with good material properties are now available. I refer to them as "Nature-Tech" materials, because they emerge from a stage in which the substances were unstable and unreliable. They can be compared to petrochemical synthetics; they are equally safe for processing, are treated using the same machines, are just as resistant to breakage, just as transparent and have strong surfaces but are, on the other hand, biodegradable. This group also includes substances which are partially made from regenerative raw materials and which are easily recyclable.

An important goal in the development of nature-tech materials is to design them so that their melting points as well as their flow and hardening properties are similar to thermoplastic synthetics. In this way, they can in theory replace industrial products without incurring the costs of new tools. Substances made from sunflower oil, canola, grains and maize are in no way inferior to their petrochemical counterparts. It is possible to incorporate, those qualities displayed by PET and PP. Experiments are being conducted to develop lightweight building materials for space ships and large aeroplanes from nettle fibres and biocomposite materials.

Bionics focuses on understanding biological systems adapting them to industrial ones. Nature has after all developed systems which demonstrate the most efficient use of energy coupled with the most sparing use of available natural resources. Why is a spider web so thin and flexible? Why are penguins best capable of swimming against the current? How can such fragile insect wings withstand such resistance? The stability of the stalks of plants has influenced the construction of sandwich panels and the properties that vegetable cell structures demonstrate for flowing water have been applied to filters. Intelligent natural systems are being interpreted and imitated in industrial processes, thus offering new solutions.

The challenges in this field are maximum durability, recycling properties, biodegradability, weight reduction, energy saving, with maximum tenacity, stability in changing temperatures, and optimum visual and tactile properties; all these aspects make up the challenges we are currently facing in this field. Many of the materials that have been developed and produced have positive test results could already replace less environmentally-friendly substances. Unfortunately, there are too few manufacturers prepared to venture in this direction.

Versuche, aus Brennesselfasern und Biokompositen Leichtbaumaterialien für die Raumfahrt und für Großraumflugzeuge zu entwickeln.

Der Ansatz, biologische Systeme zu verstehen und in industrielle umzusetzen, ist der Schwerpunkt der Bionik. Schließlich haben sich in der Natur Systeme entwickelt, die eine maximale Energieeffizienz aufweisen und einen extrem sparsamen Umgang mit den verfügbaren natürlichen Ressourcen demonstrieren. Wie kann es sein, dass ein Spinnennetz so dünn und so flexibel ist? Warum haben Pinguine den besten Strömungswiderstand? Wie kann ein so filigraner Insektenflügel diese Widerstände aufnehmen? Die hervorragende Statik von Halmen wird für Sandwichkonstruktionen genutzt, die wasserleitenden Eigenschaften von pflanzlichen Zellstrukturen für Filterzwecke. Intelligente natürliche Systeme werden in industriellen Verfahren interpretiert, nachgestellt und bieten neue Lösungen an.

Maximale Nachhaltigkeit, Recyclierbarkeit, Abbaubarkeit, Gewichtsreduzierung, Energieeinsparung – bei maximalen Festigkeiten, Temperaturstabilitäten, optischen und haptischen Eigenschaften. Das sind die Herausforderungen in diesem Bereich. Viele der entwickelten und positiv getesteten Werkstoffe könnten bereits heute weniger umweltverträgliche Werkstoffe substituieren. Leider wagen sich noch zu wenige Hersteller, diesen Schritt zu gehen.

INTEGRIERTE INTELLIGENZ

optimale Funktionen, Reduzierung von kostenintensiven Erhaltungs- und arbeitsintensiven Reinigungsmaßnahmen, erhöhte Sicherheit, Lösungen für neu entstehende Umwelteinflüsse, Gesundheit und Bekämpfung von Krankheiten, Reduzierung von Material, Messtechnik, integrierte Systeme zur Reduzierung von Komponenten

In den bisher beschriebenen Werkstoffbereichen bestand ein wichtiger Beweggrund für die Entwicklung in der Reduktion von Energieverbrauch, Material, Volumen und Gewicht. Durch Miniaturisierung können wir in kleinsten Räumen agieren (Medizin). Gegenstände um uns herum können sehr klein, beinah unsichtbar sein. Es gibt eine neue Generation von Werkstoffen, die dies noch steigert, sie ist beinahe immateriell. Zu diesen Werkstoffen gehören auch die „Nanowerkstoffe" und „Smart Materials". Dies sind maßgeschneiderte Materialien oder Funktionsschichten, die auf äußere Einflüsse mit der Veränderung ihres Zustands reagieren. Sie empfangen Reize, sind Reaktor oder Aktor, sie beinhalten integrierte Funktionen, für die bisher komplizierte Sensorsysteme notwendig waren. Diese Eigenschaften werden ermöglicht, indem unterschiedliche Materialien in Form von nanoskaligen Pulvern oder Mole-

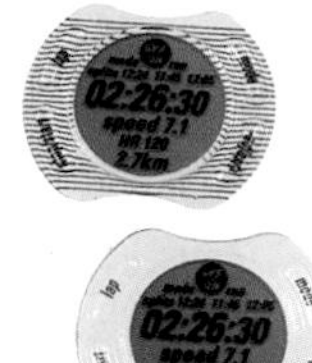

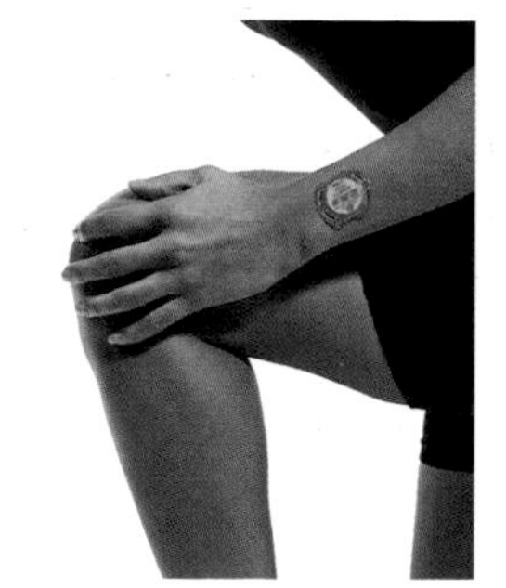

Uhr, Sensoren auf einer dehnbaren, klebrigen Gel-Folie, Konzeptstudie von IDEO.

Clock, sensors on an expandable, adhesive gel foil, concept study by IDEO.

INTEGRATED INTELLIGENCE

optimal functions, reduction of high cost maintenance and labour intensive cleaning measures, increased security, solving the problems created by new influences on the environment, health, fighting disease, reduction of material consumption, measuring technology, integrated systems for reducing components

With regard to those materials already discussed, a significant motive for development work lay in the reduction of energy consumption, material, volume and weight. Miniaturisation enables us to work in the smallest spaces (e.g. in the field of medicine). The objects that surround us can be very small, almost invisible. This concept has been intensified by a new generation of almost immaterial substances, known as "nano materials" and "smart materials". They are custom-made substances. Functional coatings, which react to external influences, cause changes in their condition. They recognize stimuli and can be both agents and reactors. They contain integrated functions that until now required complicated sensory systems. Their properties are made possible by combining various substances in the form of nano-size powders and molecules to form new materials or embedding specific functions in traditional materials.

There are various processes and systems, all of which have in common a kind of integrated intelligence. In the field of functional coatings in particular, materials are being developed which can kill germs, be fire-resistant, self-cleansing, and the like. Like a coat of paint, these materials are applied in very thin layers. They perform functions which until now required elaborate material and technical systems.

Here are a few examples to illustrate the point: by using integrated transparent display technology and foils which change color by reacting to outside temperatures, it could soon be possible to construct façades that protect buildings and their occupants from heat and excess light. Such 'skins' would eliminate the need for additional sun-protection systems.

Materials which recognize changes in the surroundings, e.g. recognize and highlight a crack in a bridge, before performing provisional repair work automatically will soon be part and parcel of standard safety measures.

The production of synthetic materials which combine various functions is a field of research which is currently of great interest. Such materials could produce mono-material products which change their form when they hear a particular sound or which compensate for the waning light of the sun with their own illuminating properties.

Time will tell whether all these developments are of any use, whether they make a contribution to a more comfortable and ecological environment. As designers, we shall play a decisive role. Some of them without a doubt will help reduce the number of superfluous articles, to make things simpler and more intuitive and help realize the dream of second-skin products.

külen zu einem neuen Werkstoff zusammengesetzt oder spezifische Funktionen in herkömmlichem Material eingebettet werden.

Es gibt unterschiedliche Verfahren und Systeme. Gemeinsam ist ihnen eine Art integrierte Intelligenz. Besonders im Bereich der Funktionsschichten werden derzeit Werkstoffe entwickelt, die keimtötend, brandschützend, selbstreinigend und dergleichen sind. Diese Werkstoffe werden einem Lack ähnlich sehr dünn aufgetragen und erfüllen Funktionen, für die bisher material- oder technikintensive Systeme benötigt wurden.

Zur Erläuterung einige Beispiele: Durch die Integration von transparenten Display-Technologien oder farbverändernden Folien, die auf Außentemperaturen reagieren, könnten bald Architekturfassaden realisierbar sein, die das Gebäude und dessen Insassen vor Hitze und zu starkem Licht schützen. Diese Art Gebäudehaut macht zusätzliche Sonnenschutzsysteme überflüssig.

Materialien, die Veränderungen in ihrer Umgebung registrieren, die zum Beispiel einen Riss in der Brückenkonstruktion bemerken und signalisieren und diesen dann provisorisch selbst reparieren, werden bald selbstverständlich zur Sicherheit beitragen.

Die Herstellung von Kunststoffen, die unterschiedliche Funktionen miteinander kombinieren, ist ein Forschungsgebiet, dem zurzeit große Aufmerksamkeit gewidmet wird.
Aus diesen Werkstoffen könnten zum Beispiel Monomaterial-Produkte entstehen, die auf ein bestimmtes Geräusch die Form verändern, die schwindendes Tageslicht durch eigene Leuchtkraft ausgleichen.

Ob nun all diese Entwicklungen sinnvoll sind, ob sie dazu beitragen werden, eine komfortablere und ökologischere Umwelt zu schaffen, wird man sehen, werden auch wir als Gestalter mitentscheiden. Sicherlich können aber einige von ihnen dazu beitragen, Überflüssiges zu reduzieren, die Dinge einfacher und intuitiver zu machen, die Idee von Second-Skin-Produkten zu realisieren.

Stinger hybrid jacket, zweite Haut aus technischen Textilien, Schoeller Textiles Ag, Schweiz und Arc'teryx, Kanada.

Stinger hybrid jacket, second skin made of technical fabrics, Schoeller Textiles Ag, Schweiz und Arc'teryx, Kanada.

Fahrrad, Neon-Pulverbeschichtigung, die Nachts aufleuchtet, von Marc Newson für Biomega, 1999/2000.

Bicycle, fluorescent powder coating provides night-glo, by Marc Newson for Biomega, 1999/2000.

OPTIMALE EIGENSCHAFTEN

OPTIMAL PROPERTIES

C/C-SIC KERAMIK wird hergestellt, indem ein Formteil aus kohlenstofffaserverstärktem Kunststoff (CFK) durch einen Brennvorgang in eine Kohlenstoffmatrix umgewandelt wird. In einem weiteren Brennvorgang wird diese unter Siliziumzugabe zu einer Faserkeramik, einer schwarzen und formstabilen C/C-SiC Keramik, verarbeitet.

Auf diese Weise entstehen technische Bauteile, die formal sehr komplex sind, eine hohe Maßgenauigkeit besitzen und in ihrer filigranen Form zunächst nicht auf den Werkstoff Keramik schließen lassen. Einsatzbereiche gibt es in der Raumfahrt und seit kurzem im Bereich Hochgeschwindigkeitstechnologien. Diese erfordern Bremsscheiben, die unter hohen Temperaturen sehr abriebfest und trotzdem relativ leicht sind. C/C-SiC wird beispielsweise in Serienfahrzeugen der Firma Porsche und in Reibbelägen für Hochleistungsaufzüge eingesetzt. » Bremsscheibe für einen Porsche, ø ca. 320 mm

C/C-SIC CERAMICS is produced by transforming a molded part made of carbon fiber-reinforced plastic into a carbon matrix by means of a combustion process. In a further combustion process in which silicon is added, this is processed into a fibrous ceramics, a black, stable-form C/C-SiC ceramics.

In this way, technical components are created which are very complex in form, have very exact dimensions and in their filigree shape do not at first suggest that they are a ceramic material. They are suitable for use in the aerospace industry and as of recently in the field of high-speed technology. These fields require disc-brakes which are highly abrasion-proof at high temperatures yet relatively light. C/C-SiC is used, for example, in series vehicles made by the Porsche corporation and in friction linings for high-performance elevators. » Brake disc for Porsche, ø approx. 320 mm

---

DLR Deutsches Zentrum für Luft- u. Raumfahrt

↑ **TEMPERATURBESTÄNDIGKEIT** SEHR GUT BIS 1600°C, METALLE BIS MAX. 1000°C

↑ **FLAMMENRESISTENZ** SEHR GUT

↓ **GEWICHT/DICHTE** GERING ⅓ VON STAHL

↑ **KRATZFESTIGKEIT/OBERFLÄCHENBESTÄNDIGKEIT** SEHR GUT, ABRIEBFEST

↑ **FESTIGKEIT/BIEGEFESTIGKEIT** SEHR GUT

FORM BELIEBIG, ENDFORMNAHE HERSTELLUNG

BESONDERE EIGENSCHAFTEN GUTE STABILITÄT BEI HOHEN TEMPERATUREN, SICHERHEIT IM BEREICH BREMSBELÄGE

↑ **TEMPERATURE RESISTANCE** VERY GOOD UP TO 1600°C, METALS UP TO MAX. 1000°C

↑ **INCENDIARY RESISTANCE** VERY GOOD

↓ **WEIGHT/DENSITY** LIGHT, ⅓ OF STEEL

↑ **RESISTANCE TO SCRATCHING/SURFACE STRENGTH** VERY GOOD, VERY RESISTANT TO ABRASION

↑ **STRENGTH/RESISTANCE TO BENDING** VERY GOOD

FORM DISCRETIONARY, MANUFACTURED FORM SIMILAR TO END PRODUCT

SPECIAL CHARACTERISTICS VERY GOOD STABILITY AT VERY HIGH TEMPERATURES, SAFETY IN THE FIELD OF BRAKE LININGS

1

TRANSPARENTE KERAMIK (KORUND-KERAMIK) In einem Gelcasting-Prozess werden zunächst Al2O3-Teilchen mit Wasser und einem organischen Zusatzstoff (Monomer) zu einem Schlicker vermischt. Dieser Schlicker wird in entsprechende Formen aus Kunststoff gegossen. Dann erfolgt die Grünkörperkonsolidierung (Festigung) durch Polymerisation des im Schlicker gelösten Monomers, welche durch eine Erhöhung der Temperatur ausgelöst wird. Nach diesem ersten Verfestigungsprozess wird der Grünkörper anschließend bei 1200°C im Ofen gesintert. Die heißisostatische Nachverdichtung erfolgt nach dem Sintern im so genannten HIP-Verfahren. Das gesinterte Bauteil besitzt eine geschlossene Porosität, deren Restporosität durch das heißisostatische Pressen eliminiert wird. Durch Temperaturführung, Anwendung von Druck und die Wahl geeigneter Atmosphären (hier Argon), lässt sich das entstehende Gefüge sehr gut beeinflussen. Der von allen Seiten wirkende Gasdruck bewirkt hier eine Verdichtung der Partikel auf etwa 500 Nanometer Korngröße und somit die Beseitigung der Restporosität.

Die Ergebnisse sind extrem hohe Festigkeit und Härte, Kratz- und Verschleißresistenz und Beständigkeit in aggressiven Medien. Die Gießtechnologie ermöglicht es, sehr präzise und frei formbare Bauteile aus diesem Werkstoff herzustellen. Transparente Keramik besitzt die mechanischen Eigenschaften von Keramik, eine Transparenz, die vergleichbar mit der von Glas ist und ist dabei dreimal so hart wie Stahl. Dieser Werkstoff wird zukünftig dort Anwendung finden, wo Transparenz und höchste Temperaturbeständigkeit gefragt sind. » Scheibe aus transparenter Keramik, 100 × 100 mm

TRANSPARENT CERAMICS (CORUNDUM CERAMICS) In a gel-casting process, first, Al2O3 particles are mixed with water and an organic additive (monomer) to form a paste. This paste is cast into corresponding forms made of plastic. The green-body consolidation follows by way of polymerization of the monomers dissolved in the paste when the temperature is raised. After this initial consolidation process the green body is then sintered in the oven at 1200°C. The high-temperature isostatic sealing follows after sintering in a so-called HIP process. The sintered component has sealed pores, the remaining porosity of which is eliminated by the hot isostatic pressing. The resulting structure can be carefully influenced by controlling the temperature, applying pressure and selecting suitable atmospheres (Argon, in this case). The gas pressure from all sides causes the particle to compress to approx. 500 nano-meters in grain size thus eliminating the remaining porosity.

The ceramics is extremely rigid and hard, scratch- and abrasion-proof and resistant to aggressive conditions. The casting technology makes it possible to produce very precise and freely moldable components from this material. Transparent ceramics possesses the mechanical properties of ceramics and a transparency comparable to glass while being three times as hard as steel. In the future, this material will tend to be used wherever transparency and highest temperature resistance are called for. » Plate made of transparent ceramics, 100 × 100 mm

---

Fraunhofer-Institut IKTS

↑ **TEMPERATURBESTÄNDIGKEIT** SEHR GUT, MINUS ∞ BIS 1300° C

↑ **KORROSIONSBESTÄNDIGKEIT** SEHR GUT IN SÄUREN, LAUGEN, ÄTZENDEN GASEN

↑ **FLAMMENRESISTENZ** SEHR GUT

↓ **GEWICHT** GERING, 40 g pro 10×10 cm^2 SCHEIBE MIT 1 mm DICKE

↑ **KRATZFESTIGKEIT / OBERFLÄCHENBESTÄNDIGKEIT** SEHR GUT, SEHR HART

↑ **BIEGEFESTIGKEIT** SEHR GUT, BIS MAX. 700 MPa

↓ **THERMISCHE AUSDEHNUNG** SEHR GERING

FORM KOMPLEXE FORMEN AUS TRANSPARENTER KERAMIK Z.B. HOHLKÖRPER

FUNKTION SICHERHEITSGLAS: ZIVIL, MILITÄRISCH, LUFT- UND RAUMFAHRT

↑ **TEMPERATURE RESISTANCE** VERY GOOD UNLIMITED BELOW 0° C, UP TO 1300° C

↑ **RESISTANCE TO CORROSION** VERY GOOD IN ACIDS, LEACHES, CAUSTIC GASES

↑ **INCENDIARY RESISTANCE** VERY GOOD

↓ **WEIGHT** LIGHT, 40 g PER 10×10 cm^2 SLICE WITH A THICKNESS OF 1 mm

↑ **RESISTANCE TO SCRATCHING / SURFACE STRENGTH** VERY GOOD, VERY HARD,

↑ **RESISTANCE TO BENDING** VERY GOOD, UP TO 700 MPa

↓ **THERMAL EXPANSION** VERY LITTLE

FORM COMPLEX FORM MADE OF TRANSPARENT CERAMICS (HOLLOW BODY)

USES PROTECTIVE GLASS FOR CIVILIAN, MILITARY, AERONAUTIC AND ASTRONAUTIC PURPOSES

2

SCHAUMKERAMIK Ein Schaumstoff aus Polyurethan wird mit einer Keramiksuspension getränkt. In dem anschließenden Brennvorgang im Ofen verbrennt der Schaumstoff. Die weiße Keramik jedoch bleibt als Schwammstruktur mit hohlen Keramikstegen erhalten. Schaumkeramik besitzt die Durchlässigkeit von Schwämmen und die Temperaturbeständigkeit von Keramik. Aufgrund dieser Eigenschaften ermöglicht sie ganz neue Methoden bei der Filterung und Verbrennung von Umweltschadstoffen.

Die hier gezeigte schwarze Siliciumcarbid-Schaumkeramik LigaFill® wird hergestellt, indem die hohlen Keramikstege in einem komplexen Herstellungsprozess gefüllt werden. Diese Keramik zeichnet sich durch extreme Leitfähigkeit aus. Sie ist bis zu 1200° C beheizbar und kann als Hochtemperatur- und Dieselrussfilter, als Katalysatorträger oder Heizelement eingesetzt werden. Aufgrund der enormen Festigkeit könnte Schaumkeramik auch für spezielle Leichtbauanwendungen interessant sein. » Block aus Schaumkeramik, ca. 200 × 130 × 16 mm

FOAMED CERAMICS A foam material made of polyurethane is saturated in a ceramics suspension. The foam is then oven-fired. The white ceramics, however, remains a foam structure complete with hollow ceramic channels. Foam ceramics has the permeability of sponges and the temperature resistance of ceramics. These properties enable innovative methods filtering and burning off environmental contaminants.

The black silicon carbide foam ceramics LigaFill® shown here is produced by filling the hollow ceramic channels in a complex manufacturing process. The ceramics distinguishes itself in that it is extremely conductive. It can be heated to 1200° C and can be used for high-temperature and diesel exhaust filters, catalytic media or heating elements. Owing to its great hardness foam ceramics also has potential for special lightweight building applications. » Foam ceramics block, approx. 200 × 130 × 16 mm

---

Fraunhofer-Institut IKTS

↑ **TEMPERATURBESTÄNDIGKEIT** SEHR GUT, −50–1000° C

↑ **KORROSIONSBESTÄNDIGKEIT** GUT

↑ **FLAMMENRESISTENZ** NICHT BRENNBAR

↓ **GEWICHT / DICHTE** GERING, 0,5–1g/cm³

↑ **KRATZFESTIGKEIT / OBERFLÄCHENBESTÄNDIGKEIT** SEHR GUT, POLIERBAR

↑ **BIEGEFESTIGKEIT / BELASTBARKEIT** SEHR GUT, DRUCKFEST, VERWINDUNGSSTEIF

↓ **THERMISCHE AUSDEHNUNG** SEHR GERING

↑ **TEMPERATURE RESISTANCE** VERY GOOD, −50–1000° C

↑ **RESISTANCE TO CORROSION** GOOD

↑ **INCENDIARY RESISTANCE** NOT BURNABLE

↓ **WEIGHT / DENSITY** LIGHT, 0.5–1g/cm³

↑ **RESISTANCE TO SCRATCHING / SURFACE STRENGTH** VERY GOOD, CAN BE POLISHED

↑ **RESISTANCE TO BENDING / RESISTANCE TO STRAIN** VERY GOOD, PRESSURE RESISTANT, RIGID TORSION

↓ **THERMIC EXPANSION** VERY LITTLE

3

Diese als KERAMISCHES LEICHTGEWICHT-PANEEL bezeichnete Sandwich-Struktur besteht aus einer Mittellage aus LigaFill®-Schaumkeramik und Keramikplatten als Deckschichten. Die Herstellung keramischer Schäume gelingt über das Auftragen keramischer Suspensionen auf Polymerschäume. In einem anschließenden Brennvorgang wird die Keramik gebrannt, und das organische Stützmaterial (Schaum) wird im gleichen Vorgang ausgebrannt. Der entstandene schaumkeramische Grünkörper wird mit den Deckplatten in Verbindung gebracht, und in einem anschließenden Sinterprozess werden Schaumkeramik und Deckplatten fest miteinander verbunden.

Durch Verbinden mit Plattenstrukturen ist es möglich, variable Sandwichstrukturen für Leichtbaukonstruktionen zu gestalten, welche als Konstruktionsmaterial für den Hochtemperatur-Einsatz bis 1400° C einsetzbar sind. Eine konkrete Anwendung gibt es bisher noch nicht. » Keramisches Leichtgewicht-Paneel, ca. 180 × 180 × 10 mm

This LIGHTWEIGHT CERAMIC PANEL forms a sandwich structure composed of a filler layer of LigaFill® foam ceramics and ceramic plates as the outside layers. The manufacture of ceramic foam is achieved by applying ceramic suspensions to polymer foam. In the subsequent firing process the ceramics is baked and in the same process the organic backing medium (foam) likewise baked thoroughly. The resulting foam-ceramic green body is placed between the cover plates and in a subsequent sintering process, foam-ceramics and cover plates bond firmly.

By combining this material with plate structures it is possible to create variable sandwich structures for lightweight building purposes which can be used in the high-temperature range of up to 1400° C. To date, the material has no concrete application.
» Lightweight ceramic panel, approx. 180 × 180 × 10 mm

Fraunhofer-Institut IKTS

↑ **TEMPERATURBESTÄNDIGKEIT** SEHR GUT, −150–1350°C	↑ **TEMPERATURE RESISTANCE** VERY GOOD, −150–1350°C
↑ **KORROSIONSBESTÄNDIGKEIT** SEHR HOCH	↑ **RESISTANCE TO CORROSION** VERY HIGH
↑ **FLAMMENRESISTENZ** NICHT ENTFLAMMBAR	↑ **INCENDIARY RESISTANCE** NOT INFLAMMABLE
↓ **GEWICHT / DICHTE** GERING, 0,3–0,4 g/m³	↓ **WEIGHT / DENSITY** LIGHT, 0.3–0.4 g/m³
↑ **KRATZFESTIGKEIT / OBERFLÄCHENBESTÄNDIGKEIT** SEHR HART	↑ **RESISTANCE TO SCRATCHING / SURFACE STRENGTH** VERY HARD
↑ **STEIFIGKEIT** SEHR GUT	↑ **STIFFNESS** VERY GOOD
↓ **THERMISCHE AUSDEHNUNG** SEHR GERING, 0–1000°C $4{,}5\times10^{-6}$ 1/h	↓ **THERMIC EXPANSION** VERY LOW, 0–1000°C 4.5×10^{-6} 1/h
KOMFORT SCHALLDÄMMEND	**ADVANTAGES** REDUCES NOISE
↑ **ARBEITS- / HERSTELLUNGSAUFWAND** HOCH UND ENERGIEAUFWENDIG	↑ **EXPENDITURE FOR LABOUR AND PRODUCTION** HIGH; EXTREMELY HIGH USE OF ENERGY

4

PORZELLANFOLIE Gewöhnlich wird Porzellan in Formen gegossen, plastisch geformt und anschließend gebrannt. Porzellanfolien hingegen werden in einem Verfahren hergestellt, in dem sonst keramische Pulver zu Leiterplatten oder elektrischen Isolatoren verarbeitet werden. Sie werden als „Grün-Folien" in unterschiedlichen Dicken von 200 µm bis 1,5 mm hergestellt und besitzen im „grünen" Zustand eine sehr hohe Flexibilität. Weitere Eigenschaften sind Temperaturbeständigkeit, geringe Wärmeleitfähigkeit und chemische Beständigkeit.

In dieser Form werden die Folien geliefert und können dann weiterverarbeitet werden. Die Folie kann durch Schneiden, Stanzen, Kalandrieren, Laminieren, Biegen, Prägen und vorsichtiges Tiefziehen bearbeitet oder geformt werden. Nach der Bearbeitung wird die geformte Folie durch Sintern hart und beinahe transparent. Bei der Gestaltung und Bearbeitung der Grünfolie muss beachtet werden, dass die Sinterschwindung je nach Zusammensetzung der Folie zwischen 14 und 20 Prozent betragen kann. Die in diesem porzellan-untypischen Verfahren hergestellten Produkte zeichnen sich durch ihre Form, Leichtigkeit und Transparenz aus. » 0,5 mm dicke Hartporzellanfolie im „grünen" Zustand, 400 × 200 × 0,5 mm

PORCELAIN FOIL Porcelain is usually cast in molds, molded in 3D, and then fired. Porcelain foils, by contrast, are made in a process otherwise used to transform ceramic powder into conductor plates or electric insulators. They are produced as "green foils" in varying thicknesses from 200 µm to 1.5 mm and in their "green" state are very flexible. Other qualities are temperature resistance, low heat conduction and chemical resistance.

The foil is delivered in this form and can then be further processed. The foil can be finished by cutting, stamping, calendering, laminating, embossing or can be carefully deep-drawn or molded. Once it is worked, the molded foil is hardened and made almost transparent in the sintering process. When making and processing green foil it is important to ensure that the sinter contraction amounts to between 14 and 20 percent depending on the composition of the foil. Products made in this unconventional porcelain process are characterized by their shape, lightness and transparency. » 0.5 mm-thick, hard porcelain foil in its "green" state, 400 × 200 × 0,5 mm

---

Kerafol GmbH

↑ **TEMPERATURBESTÄNDIGKEIT** SEHR GUT, BIS 1300°C

↑ **FLAMMENRESISTENZ** GUT

↓ **DICKE / ROHDICHTE** CA. 200µm BIS 1,5mm/ 2,35kg/dm³

↑ **KRATZFESTIGKEIT / OBERFLÄCHENBESTÄNDIGKEIT** SEHR HART NACH DEM SINTERN

↑ **FESTIGKEIT / STEIFIGKEIT** SEHR GUT, ZERBRECHLICH

↓ **BIEGERADIUS** IM GRÜNZUSTAND BETRÄGT DAS MINIMUM 4mm

↓ **ARBEITS- / HERSTELLUNGSAUFWAND** GERING

FORM WIE BLECH, KUNSTSTOFF, PAPIER

↑ **TEMPERATURE RESISTANCE** VERY GOOD, UP TO 1300°C

↑ **INCENDIARY RESISTANCE** GOOD

↓ **DENSITY / UNREFINED DENSITY** ABOUT 200µm TO 1.5mm/2.35kg/dm³

↑ **RESISTANCE TO SCRATCHING / SURFACE STRENGTH** VERY HARD AFTER SINTERING

↑ **STRENGTH / STIFFNESS** VERY GOOD, FRAGILE

BENDING RADIUS IN GREEN CONDITION MINIMUM 4mm

↓ **EXPENDITURE FOR LABOUR AND PRODUCTION** LOW

FORM LIKE SHEET METAL, SYNTHETIC MATERIAL, PAPER

5

HOCHLEISTUNGSKERAMIKEN AUS SINTERKORUND In der Herstellung von Hochleistungskeramiken werden feinste nanoskalige Pulver mittels Gelcasting-Processing zu defektfreien Formkörpern verarbeitet, so dass hochfeste Feinstkorn-Werkstoffgefüge entstehen. Auf Grund der hohen Gründichte und der hohen Sinteraktivität der Nanopulver kann schon bei relativ niedrigen Temperaturen gesintert werden.

Diese Technologie ermöglicht auch die Fertigung kompliziert geformter Bauteile (Hinterschnitte, scharfe Kanten etc.) mit höchstem Eigenschaftsniveau. Beispielsweise können so Hohlkörper für Lampen realisiert werden. Eine weitere Entwicklung stellt die gesinterte Aluminiumoxid-Biokeramik (Al2O3) dar – eine korrosionsstabile Modifikation des Aluminiumoxids. Aus diesem bioinerten (biokompatiblen, verträglichen) Werkstoff können hochbelastbare dünnwandige Implantate wie z. B. ein Kniegelenk hergestellt werden. Diese Implantate besitzen aufgrund ihrer besonders guten Verschleißfestigkeit eine hohe Lebensdauer. » Knie-Implantat, ca. 46 mm

HIGH-PERFORMANCE CERAMICS MADE OF SINTERED CORUNDUM In manufacturing high-performance ceramics the finest nano powder is processed into defect-free, molded bodies by means of a gel-casting process, to create high-tenacity, extremely fine-grain material structures. Due to the high green density and the nano-powder's high level of sintering activity it can be sintered at relatively low temperatures.

This technology also enables components with complex forms (undercuts, sharp edges etc.) to be produced with very high-performance qualities. For example, hollow bodies for lamps can be made in this way. The sintered aluminum oxide bio-ceramic (Al2O3) also represents another development – anticorrosive modifications of aluminum oxide. Thin-walled implants with a high bearing capacity can be made from this bio-inert (bio-compatible) material, for example, a knee joint. These implants are highly durable owing to their particularly high resistance to abrasion. » Knee implant, approx. 46 mm

---

Fraunhofer-Institut IKTS

↑ **TEMPERATURBESTÄNDIGKEIT** MINUS ∞ BIS 1300°C

↑ **KORROSIONSBESTÄNDIGKEIT** SEHR GUT IN SÄUREN, LAUGEN, HYDROTHERMALER UMGEBUNG

↑ **FLAMMENRESISTENZ** SEHR GUT

↓ **GEWICHT / DICHTE** GERING, 4 g/cm³

↑ **OBERFLÄCHENBESTÄNDIGKEIT** SEHR FEST, RAUHIGKEIT POLIERT <7nm, SEHR VERSCHLEISSFEST

↑ **BIEGEFESTIGKEIT / BELASTBARKEIT** SEHR GUT, 600–700 MPa (KERAMIK: <500 MPa)

↓ **THERMISCHE AUSDEHNUNG** SEHR GERING

KOMFORT LÄNGERE LEBENSDAUER VON IMPLANTATEN

FORM BELIEBIG KOMPLEX

↑ **TEMPERATURE RESISTANCE** BELOW 0°C UNLIMITED UP TO 1300°C

↑ **RESISTANCE TO CORROSION** VERY GOOD IN ACIDS, LEACHES, HYDROTHERMAL ENVIRONMENT

↑ **INCENDIARY RESISTANCE** VERY GOOD

↓ **WEIGHT / DENSITY** LIGHT, 4 g/cm³

↑ **SURFACE STRENGTH** VERY HARD, ROUGHNESS POLISHED <7nm, VERY RESISTANT TO ABRASION

↑ **RESISTANCE TO BENDING / RESISTANCE TO STRAIN** VERY GOOD, 600–700 MPa (CERAMIC: <500 MPa)

↓ **THERMAL EXPANSION** VERY LITTLE

ADVANTAGES LONGER SERVICE LIFE OF IMPLANTS

FORM DISCRETIONARY COMPLEX

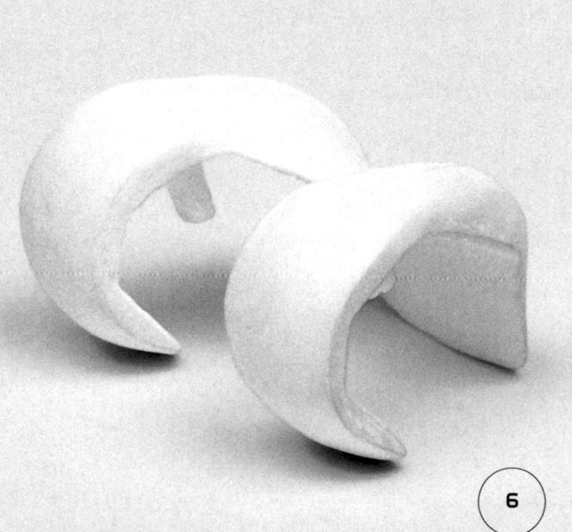

6

GEZÜCHTETE CALCIUMFLUORID-KRISTALLE Calciumfluorid, chemisch CaF_2, ist ein auch in der Natur häufig vorkommendes Mineral. Technologisch wird Calciumfluorid als Flussmittel bei der Herstellung von Roheisen und als Rohstoff für die Fluorerzeugung eingesetzt. Aufgrund seiner hohen Transparenz über einen weiten Spektralbereich eignen sich Calciumfluorid-Kristalle als Linsen- und Fenstermaterial für optische Anwendungen. Insbesondere die sehr hohen Anforderungen an die Materialqualität für den Einsatz in optischen Lithographiesystemen zur Chip-Herstellung erfordern die Züchtung von Calciumfluorid-Kristallen von extrem hoher Reinheit und Perfektion. Durch die permanente Verbesserung der Zuchtprozesse und Steigerung der Materialqualität können heute Kristalle hergestellt werden, die einen Durchmesser von bis zu 380 mm haben und mehr als 100 kg wiegen. » Splitter eines Calciumfluorid-Kristalls, 25 mm

CULTIVATED CALCIUM-FLUORIDE CRYSTALS Calcium-fluoride, CaF_2, is a mineral which is frequently found in nature. In the technology field, calcium fluoride is used as a fluxing agent in the manufacture of pig iron and as a raw material in the production of fluorine. Owing to its high degree of transparency over a wide spectrum, calcium fluoride crystals are a suitable material for use in lenses and windows for optical applications. In particular, the very high material quality demanded for optical lithography systems requires the cultivation of extremely pure and perfect calcium-fluoride crystals. Today, due to constant improvements in the cultivation process and the increase in material quality crystals can be produced with a diameter of up to 380 mm and weighing more than 100 kg. » Fragment of a calcium-fluoride crystal, 25 mm

---

Schott Lithotec AG

↑ **TEMPERATURBESTÄNDIGKEIT** SEHR GUT, BIS 1100 °C	↑ **TEMPERTURE RESISTANCE** VERY GOOD UP TO 1100 °C
↑ **GEWICHT / DICHTE** HOCH, 2,2 g/cm³	↑ **WEIGHT / DENSITY** HEAVY, 2.2 g/cm³
↑ **KRATZFESTIGKEIT / OBERFLÄCHENBESTÄNDIGKEIT** SEHR GUT	↑ **RESISTANCE TO SCRATCHING / SURFACE STRENGTH** VERY GOOD
↑ **FESTIGKEIT / BIEGEFESTIGKEIT** SEHR GUT, 80–100 N/mm²	↑ **STRENGTH / RESISTANCE TO BENDING** VERY GOOD, 80–100 N/mm²
BESONDERE EIGENSCHAFTEN SEHR GUTE TRANSMISSION	**SPECIAL CHARACTERISTICS** VERY GOOD TRANSMISSION
FORM BELIEBIG	**FORM** DISCRETIONARY
FUNKTION LINSEN, PRISMEN, WAFER, LASER	**USES** LENSES, PRISMS, WAFERS, LASERS

7

STRICKTEXTILIEN AUS STAHL Für diesen Werkstoff werden aus unterschiedlichen Metallen Garne hergestellt, die dann auf Strickmaschinen in die Form von Schläuchen, als Meterware in verschiedenen Dicken und Maschengrößen, verarbeitet werden. Textilien aus Stahl vereinen größte Hitzebeständigkeit und mechanische Beständigkeit mit der Weichheit und Flexibilität von Textilien. Sie sind nicht statisch, schirmen vor Strahlen ab und sind nicht brennbar. Wie herkömmliche Textilien auch, lassen sie sich schneiden und nähen. Sie werden überwiegend im Automobilbereich, in der Glasindustrie, als Schutzkleidung und zur Abfederung und Schalldämmung von Motoren verwendet. Durch die Kombination von mechanischen und optischen Eigenschaften könnten diese Werkstoffe aber auch für Verwendungen sowohl in den Bereichen Brand- und Strahlenschutz als auch Mode und Strick interessant sein. » Schläuche aus gestricktem Stahl, 38 × 60 mm

WOVEN STEEL TEXTILES For this material, threads are produced from a variety of metals and then processed on a knitting machine in the form of tubes by the meter – with different thickness and mesh sizes. Steel textiles combine extreme heat resistance and mechanical endurance with the softness and flexibility of textiles. They are not static, supply protection from radiation and are not combustible. Like conventional materials they can be cut and sewn. They are predominantly used in the automobile field, in the glass industry, as protective clothing and in the suspension and acoustic insulation of motors. Given the combination of mechanical and optical properties, these materials also have potential for use in the fields of fire and radiation protection as well as fashion and knitwear. » Tubes of knitted steel, 38 × 60 mm

---

nv Bekaert sa

↑ **TEMPERATURBESTÄNDIGKEIT** SEHR GUT
↑ **FLAMMENRESISTENZ** SEHR GUT
↓ **GEWICHT** GERING
↑ **KRATZFESTIGKEIT / OBERFLÄCHENBESTÄNDIGKEIT** SEHR GUTE ABRIEBFESTIGKEIT
↑ **FESTIGKEIT / FLEXIBILITÄT** SEHR GUT
KOMFORT SICHERHEITSKLEIDUNG MIT BEWEGUNGSKOMFORT
FORM GESTRICKT, GEWEBT, GENÄHT
FUNKTION TEXTILER FEUER-, HITZESCHUTZ

↑ **TEMPERATURE RESISTANCE** VERY GOOD
↑ **INCENDIARY RESISTANCE** VERY GOOD
↓ **WEIGHT** LIGHT
↑ **RESISTANCE TO SCRATCHING / SURFACE STRENGTH** VERY GOOD RESISTANCE TO ABRASION
↑ **STRENGTH / FLEXIBILITY** VERY GOOD
ADVANTAGES SAFETY CLOTHING WITH EASE OF MOVEMENT
FORM KNITTED, WOVEN, SEWN
USES PROTECTIVE TEXTILE AGAINST HEAT AND FIRE

8

METALLSCHAUM ist ein weitgehend geschlossenporiger Schaum aus Metall. Zu seiner Herstellung wird Metallpulver mit einem Treibmittel gemischt. Diese Mischung wird verdichtet und in eine Schäumform gegeben. Durch Erhitzen wird das Treibmittel zersetzt und das dann flüssige Metall schäumt auf. Die Porengröße hängt hierbei vor allem von der Aufheiz- und Abkühlgeschwindigkeit ab. Metallschaum besitzt eine hohe gewichtsspezifische Steifigkeit, absorbiert Schlageinwirkungen und zeichnet sich durch eine geringe Dichte aus. Er kann gebohrt, gesägt und gefräst werden. In bestehende Blechteile oder Rohre kann Metallschaum „hineingeschäumt" werden.

Eine weitere Entwicklung stellen die Aluminium-Schaum-Sandwiche dar. Ein Aluminium-Schaum-Vormaterial kann zu dreidimensionalen Bauteilen geformt werden. Erst danach wird das zwischen zwei Decklagen befindliche Metallpulver-Treibmittelgemisch erhitzt und aufgeschäumt. Sandwich-Bauteile aus Aluminiumschaum sind bei reduziertem Gewicht wesentlich steifer als entsprechende Aluminiumbauteile. Karosserien im Automobilbereich werden daher mittels Aluminium-Schaum-Sandwichen ausgesteift und dadurch sicherer gestaltet. Auch für die Luft- und Raumfahrtindustrie werden Schaum-Sandwiche zunehmend interessant. » Formgeschäumtes Bauteil, mit Metallschaum gefülltes Rohr, ca. 250 × 200 × 55 mm

METAL FOAM is a largely closed-pore foam made of metal. In order to produce it, metal powder is mixed with a foaming agent. This mixture is concentrated and put into a foam mold. The foaming agent is decomposed by heating and the resulting liquid metal foams. The size of the pores is primarily dependent on the speed of heating and cooling. Metal foam possesses a high degree of weight-specific rigidity, absorbs impact effects and stands out for its low density. It can be bored into, sawn and milled. Metal foam can be "foamed into" existing sheet metal parts or pipes.

Aluminum foam sandwiches represent another development. An aluminum foam sandwich can be molded into three-dimensional components. Only after this step is the metal powder/motive agent mixture between the two cover layers heated and foamed up. Sandwich components of aluminum foam are considerably more rigid and lighter than corresponding aluminium components. Car bodies are thus reinforced with aluminum foam sandwichs to make them safer. Foam sandwiching is also becoming of more interest to the air and space travel industry. » Foam-molded component, metal-foam-filled tube, approx. 250 × 200 × 55 mm

---

Fraunhofer-Institut IFAM

SCHÄUMTEMPERATUR ALUMINIUM 590–750°C, ZINKLEGIERUNG 420–600°C

↑ **FLAMMENRESISTENZ** NICHT ENTFLAMMBAR

↓ **GEWICHT/DICHTE** SEHR GERING, 0,4–1,0 g/cm^3 (ALUMINIUM: 2,7 g/cm^3)

↑ **KRATZFESTIGKEIT/OBERFLÄCHENBESTÄNDIGKEIT** GUT

↑ **FESTIGKEIT/STEIFIGKEIT** HOHE STEIFIGKEIT, GUTE DRUCKFESTIGKEIT: CA. 20 MPa BEI 0,6 g/cm^3 DICHTE

KOMFORT SICHERHEIT

ÖKOLOGIE RECYCLEBAR

↓ **ARBEITS-/HERSTELLUNGSAUFWAND** GERING, ENDFORMNAHE HERSTELLUNG, HOHE PRÄZISION

FORM BELIEBIG

FUNKTION MULTIFUNKTIONALER LEICHTBAUWERKSTOFF

FROTHING TEMPERATURE ALUMINUM 590–750°C, ZINC ALLOY 420–600°C

↑ **INCENDIARY RESISTANCE** NOT INFLAMMABLE

↓ **WEIGHT/DENSITY** VERY LIGHT, 0.4–1.0 g/cm^3 (ALUMINUM: 2.7 g/cm^3)

↑ **RESISTANCE TO SCRATCHING/SURFACE STRENGTH** GOOD

↑ **STRENGTH/STIFFNESS** EXTREMELY STIFF, GOOD PRESSURE RESISTANCE: APPROX. 20 MPa AT 0.6 g/cm^3 DENSITY

ADVANTAGES SAFE

ECOLOGICAL FACTORS RECYCLABLE

↓ **EXPENDITURE FOR LABOUR AND PRODUCTION** LOW, MANUFACTURED FORM SIMILAR TO END PRODUCT, HIGH PRECISION

FORM DISCRETIONARY

USES MULTIFUNCTIONAL LIGHTWEIGHT BUILDING MATERIAL

9

3XDRY® ist eine Ausrüstungstechnologie für Textilien, die ein und demselben Material drei Funktionen verleiht. Außen ist das Textil wasserabweisend, innen schweißtransportierend und durch eine integrierte „freshplus"-Eigenschaft, wird die Bildung von Geruchsbakterien und damit unangenehmen Gerüchen reduziert.

Mittels dieser Technologie kann eine nur einlagige, wahlweise sehr dünne Textilie erstmals über an sich gegensätzliche Eigenschaften verfügen, die bisher nur über eine zwei- bis dreilagige Kombination von verschiedenen Textilien erreicht wurde. Diese weist Wasser und Schmutz ab und ist gleichzeitig hoch atmungsaktiv. Beim Schwitzen entstehender Wasserdampf wird von der hautnahen Seite aufgenommen und auf eine große Fläche verteilt. Dort verdunstet die Feuchtigkeit durch die Körperwärme sehr schnell, durch die Verdunstung entsteht zusätzlich noch ein angenehmer Kühlungseffekt. Verarbeitet werden diese Textilien in den gewöhnlichen nähtechnischen Verfahren und in innovativen Verarbeitungstechniken wie Laser-Cut, Hochfrequenz- oder Ultraschallverschweißung. » 3XDRY® wasserabweisend und aufsaugend zugleich, ca. 120 × 70 mm

3XDRY® is an upgrading technology for textiles that gives one and the same material three functions. On the outside, the textile is water-repellent, transports sweat from the inside, and thanks to an integrated "freshplus" feature, reduces the formation of odor bacteria and thus unpleasant smells.

By means of this technology, a single-layer and optionally very thin textile can for the first time be given essentially mutually-exclusive properties that were hitherto only possible for double- or triple-layered textiles. The new fabric is water- and dirt-repellent while remaining very breathable. The water vapor sweat is absorbed from the skin-side and spread across a wide area. There the moisture evaporates swiftly due to body heat, and the evaporation serves to provide additional cooling. These textiles are processed using the normal sewing techniques and innovative processing techniques such as laser-cutting, high-frequency or ultrasonic bonding. » 3XDRY® water-repellent and also absorbent, approx. 120 × 70 mm

---

Schoeller Textil AG

↓ **GEWICHT** JE NACH TEXTIL REDUZIERT

KOMFORT AKTIVE VERDUNSTUNG VON SCHWEISS, TROCKNUNG 4× SCHNELLER, WEICH, WASSERABWEISEND AUSSEN

↓ **ARBEITS-/ HERSTELLUNGSAUFWAND** GERING

FORM TEXTILE FORMGEBUNG

FUNKTION SPORTBEKLEIDUNG

↓ **WEIGHT** DEPENDS ON THE TEXTILE

ADVANTAGES EVAPORATION OF SWEAT, DRIES FOUR TIMES AS FAST, SOFT, WATER, RESISTANT ON THE OUTSIDE

↓ **EXPENDITURE FOR LABOUR AND PRODUCTION** LOW

FORM LIKE TEXTILE

USES SPORTS CLOTHING

10

SANDWICH-PLATTENWERKSTOFFE bestehen aus mindestens drei Lagen, einer Mittellage und zwei Deckschichten. Diese ursprünglich als Leichtbaumaterial für die Luft- und Raumfahrtindustrie entwickelten Plattenwerkstoffe besitzen ein besonders gutes Verhältnis von Stabilität und Gewicht. Ausschlaggebend dafür sind die Honeycomb-Mittellagen, die aufgrund ihrer Wabenstruktur besonders gute Druck- und Biegefestigkeiten bei niedrigem Gewicht besitzen. Als leichten Konstruktionswerkstoff gibt es Sandwich-Platten in unterschiedlichen Varianten. Diese unterscheiden sich in ihrem jeweiligen Verhältnis von Gewicht / Dicke und Stabilität und der daraus resultierenden Ausführung der Mittelschicht.

Zunächst als Leichtbaumaterial verwendet, das mit geschlossenen Deckschichten aus Pappe, Holz oder Alublechen hergestellt wurde, werden Sandwich-Plattenwerkstoffe heute auch als gestalterische Elemente eingesetzt. Mittellagen und Deckschichten werden deshalb in einer größeren Materialvielfalt angeboten. Kombinationen aus Aluminium, Pappe, opakem oder transparentem Kunststoff in verschiedenen Farben, unterschiedlichen Wabengrößen und Formen etc. bieten viele Möglichkeiten. Sie verleihen den Platten unterschiedliche optische wie statische Eigenschaften. Durch die Flexibilität der Mittellage und die Verwendung von thermoplastischen Kunststoffen, die nach der Verformung abkühlen, aushärten und dem Plattenwerkstoff Stabilität verleihen, können auch gebogene Platten hergestellt werden. Häufig werden auch in Zusammenarbeit mit Gestaltern neue Materialien mit speziellen Lichteffekten, Strukturen oder statischen Eigenschaften für spezifische Anwendungen entwickelt. » Sandwich-Plattenwerkstoffe, je 150 × 150 mm

SANDWICH PLATE MATERIALS consist of at least three layers, a middle layer and two covering layers. These plate materials, which were initially developed as a lightweight construction material for the aeronautical and space industries have a particularly good weight/stability ratio. In this the honeycomb middle layers play a decisive role; as a result of the structure they display particularly good resistance to compression and bending and are low in weight. As a light construction material, sandwich plates come in a wide range of varieties. They differ in the required ratio between weight/thickness and stability and the resulting design of the middle layer.

Employed initially as lightweight construction material and produced with sealed covering layers made of board, wood or aluminum sheets, sandwich plate materials are nowadays also used as design elements. For this reason the middle and covering layers are available in a greater selection of materials. Combinations of aluminum, board, opaque or transparent plastic in various colors, varying shapes and sizes of honeycomb etc. offer a wide range of possibilities. They provide the plates with a variety of visual and structural qualities. As a result of the middle layer's flexibility and the use of thermoplastics, which, after having been shaped, cool down, harden and give stability to the plate material, it is also possible to produce curved plates. Frequently working together with designers, new materials with special light effects are developed, structures or structural qualities for specific applications. » Sandwich plate materials, each 150 × 150 mm

---

Panelite

TEMPERATURBESTÄNDIGKEIT METALL GUT, PAPPE GERING

↓ **GEWICHT** REDUZIERT

↑ **FESTIGKEIT / STEIFIGKEIT / BIEGEFESTIGKEIT / BELASTBARKEIT** SEHR GUT

↓ **VOLUMEN** REDUZIERT

ÖKOLOGIE MATERIALREDUZIERUNG

FORM PLATTENMATERIAL, GEBOGENE ELEMENTE

FUNKTION LEICHTIGKEIT, STABILITÄT, TRANSLUZENZ

TEMPERATURE RESISTANCE METAL GOOD, CARDBOARD LOW

↓ **WEIGHT** REDUCED

↑ **STRENGTH / STIFFNESS / RESISTANCE TO BENDING / RESISTANCE TO STRAIN** VERY GOOD

↓ **VOLUME** REDUCED

ECOLOGICAL FACTORS LOW MATERIAL USE

FORM PLATE MATERIAL, FORMED ELEMENTS

USES LIGHT, STABLE, TRANSLUCENT

TPU THERMOPLASTISCHES POLYURETHAN-ELASTOMER Dieser Werkstoff zeichnet sich sowohl durch hohe Stabilität, Abriebfestigkeit und Langlebigkeit als auch durch Flexibilität aus. Aufgrund dieser Eigenschaften eignet sich TPU besonders für die Herstellung von Bauteilen, die flexibel, elastisch und zugleich sehr abnutzungsbeständig sein müssen. Hammerköpfe, Skateboardräder, Zahnräder und Sohlen für Sportschuhe werden aus diesem Werkstoff hergestellt.

In dem hier gezeigten Beispiel wurde durch die Entwicklung einer – auch in dünnen Dimensionen sehr strapazierfähigen – TPU-Mischung ein neuer Aufbau eines Sportschuhs realisiert. Statt aus einer geschlossenen Hülle besteht dieser Schuh aus einem stabilen Netz-Gitter aus TPU, durch das die Luft im gesamten Schuh zirkuliert. Feine Membranen sorgen dafür, dass entstehende Feuchtigkeit entweichen, von außen aber kein Wasser in die Schuhe eindringen kann. 20 Prozent weniger Wärmeentwicklung im Schuh, gute Dämpfung, weniger Gewicht und somit eine Verbesserung der Funktion und des Komforts sind das Resultat der Entwicklung. Dieser Schuh ist ein gutes Beispiel dafür, wie neue Werkstoffe Aufbau und Konstruktion eines Produkts verändern können. » Sportschuhsohle in Form einer Gitter-Struktur, 270 mm

TPU THERMOPLASTIC POLYURETHANE ELASTOMER This material is characterized not only by high stability, abrasion resistance and longevity, but also by flexibility. These qualities mean that TPU is particularly suited to the production of building components that need to be flexible and elastic, whilst at the same time being highly resistant to wear. The heads of hammers, skateboard wheels, cogwheels and the soles of sports shoes are all manufactured from this material.

In the example illustrated here, a new design for a sports shoe was produced following the development of a TPU mixture which, although thin, was nonetheless extremely durable. As opposed to being made with a sealed outer surface, the shoe consists of a robust TPU mesh, allowing air to circulate around the entire shoe. Fine membranes ensure that any moisture produced can escape, without water being able to penetrate the shoe from outside. Development work resulted in 20 percent less heat build-up in the shoe, good cushioning, less weight and thus overall increased comfort. This shoe is a good example of how new materials can change the design and construction of a product.
» Mesh-structure sports shoe sole, 270 mm

Elastogran GmbH, Adidas

↑ **TEMPERATURBESTÄNDIGKEIT** GUT

↑ **KRATZFESTIGKEIT / OBERFLÄCHENBESTÄNDIGKEIT** SEHR GUT, SEHR GUTE ABRIEBFESTIGKEIT

↑ **FESTIGKEIT / FLEXIBILITÄT** SEHR GUT

↓ **VOLUMEN** REDUZIERT

KOMFORT BEWEGUNGSFREIHEIT BEI MAX. STABILITÄT UND MIN. GEWICHT

ÖKOLOGIE LANGE LEBENSDAUER

↑ **TEMPERATURE RESISTANCE** GOOD

↑ **RESISTANCE TO SCRATCHING / SURFACE STRENGTH** VERY GOOD; VERY GOOD RESISTANCE TO ABRASION

↑ **STRENGTH / FLEXIBILITY** VERY GOOD

↓ **VOLUME** REDUCED

ADVANTAGES FREEDOM OF MOVEMENT WITH MAXIMUM STABILITY AND MINIMUM WEIGHT

ECOLOGICAL FACTORS DURABLE

12

ILLUMINATE® ist ein neu entwickeltes Polycarbonat (PC), das in der Fläche Licht aufnimmt und an den Kanten wieder abgibt. Der Kunststoff besitzt eine hochwertige, hochglänzende Oberfläche und gute mechanische Eigenschaften. Selbst filigrane Bauteile mit geringen Querschnitten zeichnen sich durch eine gute Bruchfestigkeit aus. Aufgrund dieser Eigenschaften können Gehäuseteile für elektronische Geräte wie z.B. MP3-Player aus diesem Kunststoff im Spritzgussverfahren hergestellt werden. Bisher existierte der Effekt „leuchtende Kanten" im Kunststoffbereich nur als Acrylglas (PMMA). Da die Bruchfestigkeit und Kerbschlagzähigkeit von PMMA für die Herstellung von Gehäuseteilen kleiner mobiler Geräte jedoch nicht ausreicht, bedeutet die Entwicklung von leuchtendem Polycarbonat die Realisierbarkeit dieses Effektes in ganz neuen Produktbereichen.
» Musterplättchen aus Illuminate®, je 50 × 70 mm

ILLUMINATE® is a newly developed polycarbonate (PC), which absorbs light on its surface and emits it from its edges. The plastic has a high-quality, high-polish outer surface and good mechanical qualities. Even filigree building components with small cross sections display good levels of breaking resistance. As a result of these qualities, housing components for electronic devices such as MP3 players can be produced in this plastic using an injection molding process. Until now the "shining edge" effect in plastics was available only as acrylic glass (PMMA). However, as the resistance to breaking and impact strength of PMMA was insufficient for the production of housing components for tiny mobile devices, the development of luminous polycarbonate means the effect can be created in entirely new product ranges. » Sample small plates made of Illuminate®, each 50 × 70 mm

---

GE Plastics

↑ **TEMPERATURBESTÄNDIGKEIT** GUT BIS 125°C

↑ **FLAMMENRESISTENZ** GUT

↓ **GEWICHT/DICHTE** GERING, 1,2 g/cm³

↑ **KRATZFESTIGKEIT/OBERFLÄCHENBESTÄNDIGKEIT** SEHR GUT, GUTE CHEMIKALIENBESTÄNDIGKEIT

↑ **FESTIGKEIT/BIEGEFESTIGKEIT/BELASTBARKEIT** SEHR GUTE SCHLAGFESTIGKEIT, GUTE MASSHALTIGKEIT

ÖKOLOGIE LANGE LEBENSDAUER

↓ **ARBEITS-/HERSTELLUNGSAUFWAND** NIEDRIG

FUNKTION TRANSPARENTER, SPRITZGIESSBARER LEUCHTEFFEKT

↑ **TEMPERATURE RESISTANCE** GOOD UP TO 125°C

↑ **INCENDIARY RESISTANCE** GOOD

↓ **WEIGHT/DENSITY** LIGHT, 1.2 g/cm³

↑ **RESISTANCE TO SCRATCHING/SURFACE STRENGTH** VERY GOOD, GOOD RESISTANCE TO CHEMICALS

↑ **STRENGTH/RESISTANCE TO BENDING/RESISTANCE TO STRAIN** VERY GOOD IMPACT STRENGTH, DIMENSIONALLY ACCURATE

ECOLOGICAL FACTORS DURABLE

↓ **EXPENDITURE FOR LABOUR AND PRODUCTION** LOW

USES TRANSPARENT, INJECTION-MOLDABLE LUMINOUS EFFECT

13

LUMINISZENTER KUNSTSTOFF Dieser Kunststoff ist ein Polycarbonat (ABS/PC), er zeichnet sich durch gute Biege- und Kratzfestigkeit und eine sehr gute, hochglänzende Oberfläche aus. Lexan®, so die Produktbezeichnung, kann im Spritzgussverfahren verarbeitet werden und ist als besonders hochwertiges Material für Gehäuse in den Bereichen Mobiltelefone, Haushaltsgeräte, Computer und Kosmetik-Verpackungen und als preiswerte Alternative für hochwertig lackierte Teile entwickelt worden. Er wird in verschiedenen Varianten, metallisch-glitzernd, farbig-changierend oder mit halbtransparenter Tiefenwirkung hergestellt. Eine weitere Variante ist der luminiszente Kunststoff mit nachtleuchtenden Eigenschaften. Durch eine Modifikation von Phosphorpartikeln ist es gelungen, einen Kunststoff herzustellen, dessen Farben tagsüber milchig-soft und nachts leuchtend gelb sind. Um für vier Stunden Licht abzugeben, muss der Kunststoff nur 30–90 Sekunden mit Licht aufgeladen werden.

Bisher leuchtet der Kunststoff an Mobiltelefonen in Handtaschen und Clubs, aber auch funktionale Anwendungen der Luminiszenz zum Beispiel als Outdoor-Artikel oder Sicherheitsequipment sind denkbar. » Muster und Granulat, Muster: 92 mm

LUMINESCENT PLASTIC This plastic is a polycarbonate (ABS/PC), Lexan®, and is characterized by good bending resistance and scratching resistance qualities as well as a very good, high polish outer surface. Lexan® can be manufactured using injection molding and was developed as a particularly high-grade material for housing in the mobile phone, household goods, computer and cosmetic packaging sectors, and as a low-cost alternative to high-grade painted parts. It is manufactured in various versions, ranging from shiny metal, alternating colors, to semi-transparent translaminar effect. An additional variation is the luminescent plastic that shines at night. By modifying phosphorous particles it was possible to produce a plastic that by day is a soft milky color and at night bright yellow. It is only necessary to charge the plastic with light for 30–90 seconds togive up to four hours light.

Until now the plastic's shining effects have only been evident on mobile phones in handbags and clubs, but functional applications, such as for outdoor articles or safety equipment, are conceivable. » Sample and granulate, size of sample: 92 mm

---

GE Plastics

↑ **TEMPERATURBESTÄNDIGKEIT** GUT, BIS 120° C

↑ **FLAMMENRESISTENZ** GUT

↓ **GEWICHT/DICHTE** GERING, CA. 1,2 g/cm³

↑ **KRATZFESTIGKEIT/OBERFLÄCHENBESTÄNDIGKEIT** SEHR GUT, HOCHGLÄNZEND, ZU GALVANISIEREN

↑ **FESTIGKEIT/BIEGEFESTIGKEIT/BELASTBARKEIT** SEHR GUT

↓ **ARBEITS-/HERSTELLUNGSAUFWAND** GERING

BESONDERE EIGENSCHAFTEN NACHTLEUCHTENDER KUNSTSTOFF

FUNKTION KLEINE GEHÄUSE UND GRIFFE

↑ **TEMPERATURE RESISTANCE** GOOD, UP TO 120° C

↑ **INCENDIARY RESISTANCE** GOOD

↓ **WEIGHT/DENSITY** LIGHT, APPROX. 1.2 g/cm³

↑ **RESISTANCE TO SCRATCHING/SURFACE STRENGTH** VERY GOOD, HIGHLY POLISHED, CAN BE GALVANIZED

↑ **STRENGTH/RESISTANCE TO BENDING/RESISTANCE TO STRAIN** VERY GOOD

↓ **EXPENDITURE FOR LABOUR AND PRODUCTION** LOW

SPECIAL CHARACTERISTICS SYNTHETIC MATERIAL THAT GLOWS IN THE DARK

USES FOR SMALL CASES AND HANDLES

TECHNISCHE HOCHLEISTUNGS-POLYMERE verfügen über außergewöhnlich hohe mechanische Eigenschaften. Bei dieser Lawinenschaufel wurden zwei Kunststoffe von Dupont, Delrin® und Zytel®, eingesetzt. Die Schaufel ist für Snowboarder gedacht und eignet sich auch zum Bauen von Rampen und Halfpipes. Delrin® ist ein Polyacetal, das sich durch besondere Tieftemperatur-Schlagzähigkeit und selbstschmierende Eigenschaften, die ein Einfrieren verhindern, auszeichnet. Zytel® ist hoch schlagzäh und verfügt über eine sehr hohe Belastbarkeit. Die Verwendung dieser beiden Kunststoffe ermöglichte es, eine besonders leichte und stabile Lawinenschaufel zu entwickeln, und nur 600 Gramm wiegt (1/3 weniger als vergleichbare Klappschaufeln aus Stahl). Aufgrund der mechanischen Festigkeit trägt die Schaufel bis zu 25 kg Schnee und fängt Stöße an Eisblöcken oder Felsen gut auf. Die Kunststoffe sind so haltbar, dass der Hersteller eine Garantie von fünf Jahren auf das Produkt gibt. » Schneeschaufel in ausgeklapptem Zustand. Der Griff kann zusammengeschoben und in die Schaufel geklappt werden; ca. 380 × 220 × 70 mm

TECHNICAL HIGH-PERFORMANCE POLYMERS have extraordinarily high mechanical qualities. Two plastics manufactured by Dupont, Delrin® and Zytel®, were used for this avalanche shovel. The shovel is intended for snowboarders and is also suitable for the construction of ramps and half-pipes. Delrin® is a polyacetal, characterized by particular impact strength in low temperatures and self-lubricating qualities, preventing it from freezing up. Zytel® is highly resistant to impact and has an extremely high load capacity. The use of these two plastics made it possible to develop a particularly light, robust avalanche shovel, and weighs just 600 g (1/3 less than similar folding shovels made of steel). Thanks to its mechanical sturdiness the shovel can carry up to 25 kg of snow and reacts well on contact with blocks of ice or rocks. The plastics are so hard wearing that the manufacturer offers a five-year guarantee on the product. » Extended snow-shovel. The handle can be pushed together and folded into the shovel; approx. 380 × 220 × 70 mm

---

DuPont, Salewa Sport GmbH

↑ **TEMPERATURBESTÄNDIGKEIT** SEHR GUT, BEIDE VON CA. –30–100°C

↑ **GEWICHT/DICHTE** HOCH, SPEZ. GEWICHT ZYTEL® 1,13 g/cm³, DELRIN® 1,41 g/cm³

↑ **FESTIGKEIT/BIEGEFESTIGKEIT/BELASTBARKEIT** SEHR GUT, GUTE FEDER-, VERSCHLEISS-EIGENSCHAFTEN

↓ **VOLUMEN** REDUZIERT

KOMFORT LEICHTERE UND MOBILERE GERÄTE

↓ **ENERGIEVERBRAUCH** NIEDRIG

↓ **ARBEITS-/HERSTELLUNGSAUFWAND** GERING

FUNKTION KANN SCHWERE WERKSTOFFE SUBSTITUIEREN

↑ **TEMPERATURE RESISTANCE** VERY GOOD, BOTH CA. –30–100°C

WEIGHT/DENSITY HIGH, SPEC. WEIGHT OF ZYTEL®=1.13 g/cm³; DELRIN®=1.41 g/cm³

↑ **STRENGTH/RESISTANCE TO BENDING/RESISTANCE TO STRAIN** VERY GOOD, GOOD SPRINGS AND RESISTANCE TO ABRASION

↓ **VOLUME** REDUCED

ADVANTAGES LIGHT AND PORTABLE

↓ **ENERGY CONSERVATION** USE LOW

↓ **EXPENDITURE FOR LABOUR AND PRODUCTION** LOW

USES A SUBSTITUTE FOR HEAVY MATERIALS

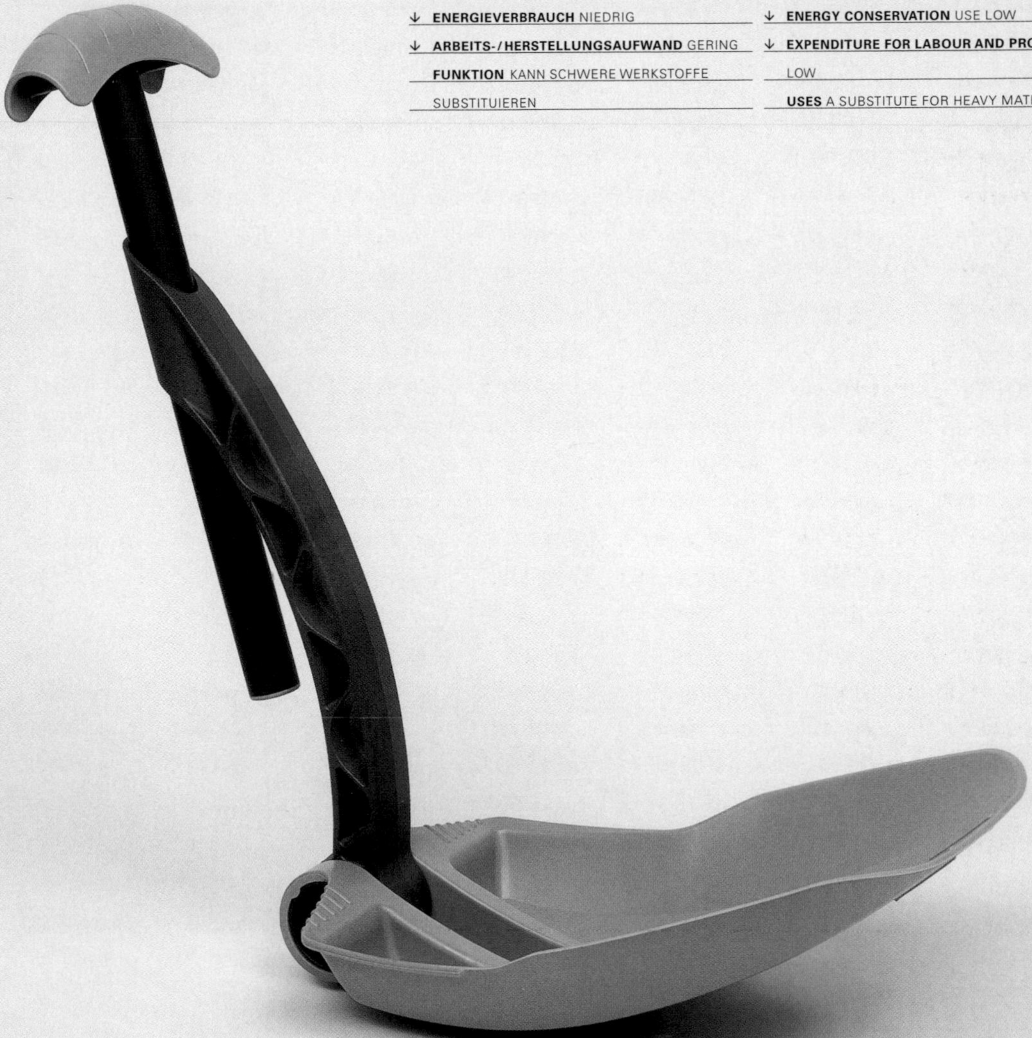

15

STEREOLITHOGRAPHIE-MATERIALIEN Die Stereolithographie ist ein Rapid-Prototyping-Verfahren, in dem CAD-Daten in ein dreidimensionales Objekt transformiert werden. Dies geschieht, indem ein Laser die Daten überträgt und in einem Bad aus flüssigen photosensititven Polymeren die beschriebenen Bereiche aushärtet. Photosensitive Polymere gibt es in unterschiedlichen Arten, die in ihren optischen wie mechanischen Eigenschaften jedoch nicht mit technischen Polymeren konkurrieren können. Da das Rapid-Prototyping zu einer zumehmend wichtigeren Methode in der Überprüfung von Entwurfsprozessen wird, stellt die Entwicklung der Materialien ein weiteres intensives Betätigungsfeld der Forschung dar. Das Bestreben liegt darin, photosensitive Materialien zu entwickeln, die die gleichen Eigenschaften besitzen wie die Polymere, aus denen das Produkt später in Serie gefertigt werden soll.

In einer neuen Generation von Stereolithographie-Materialien gibt es Werkstoffe, die eine Temperaturbeständigkeit von bis zu 250°C besitzen, die sich durch eine sehr gute und homogene Oberflächenqualität auszeichnen, die auch unter hohen Testbelastungen sehr hohe Formstabilität besitzen, die feuchtigkeitsbeständig und nahezu transparent sind, hervorragend ganz oder partiell eingefärbt und mit denen somit zweifarbige Modelle erstellt werden können. Diese Generation von Stereolithographie-Materialien bietet neue Möglichkeiten im Bereich des Prototypenbaus. Die mechanischen und optischen Eigenschaften können hier 1:1 umgesetzt werden. Denkbar ist aber auch, dass Kleinserien oder Custom-made-Produkte in diesem Verfahren hergestellt werden, die sich in ihren Eigenschaften nicht von z.B. spritzgegossenen Produkten unterscheiden. » Neue Stereolithographie-Materialien, je ca. 90 mm

STEREO LITHOGRAPHY MATERIALS Stereo lithography is a rapid prototyping process whereby CAD data is transformed into a 3-D object. This is made possible by a laser which transmits the data, then hardens by dispersion the areas described in a bath of liquid photosensitive polymers. There are various forms of photosensitive polymers, though with regard to their visual and mechanical qualities they are no competition for technical polymers. Since rapid prototyping is becoming more and more important in the testing of design processes, intensive research work into development of the materials is also being conducted. This aims to develop photosensitive materials that have the same qualities as the polymers, from which the product will subsequently be mass-produced.

A new generation of stereo lithography materials has produced substances which can resist temperatures of up to 250°C, which are characterized by a high-quality, homogenous outer surface, retain their form in extreme test conditions, are resistant to moisture, almost transparent, and which lend themselves extremely well to coloring or partial coloring, thus enabling two-colored models to be produced. This generation of stereo lithography materials offers new possibilities in the production of prototypes, whereby their mechanical qualities can now be fully exhausted. It is also conceivable that this process be used for manufacturing smaller production runs or custom-made products, the qualities of which are no different from those of, for example, injection molded products. » New stereo lithography materials, each approx. 90 mm

---

DSM Somos

↑ **TEMPERATURBESTÄNDIGKEIT** SEHR GUT, DSM SOMOS® PROTO TOOL BIS 250°C, DSM SOMOS® PROTO THERM BIS 125°C

↑ **KRATZFESTIGKEIT / OBERFLÄCHENBESTÄNDIGKEIT** GUT, HOMOGEN

↑ **FESTIGKEIT / BIEGEFESTIGKEIT / BELASTBARKEIT** GUT, DSM SOMOS® PROTO TOOL, SEHR GUT, DSM SOMOS® PROTO THERM

↓ **ARBEITS- / HERSTELLUNGSAUFWAND** GERING, SCHNELLE HERSTELLUNG VON PROTOTYPEN

FORM BELIEBIG

FUNKTION EVENTUELL KLEINSERIEN ODER CUSTOM-MADE-PRODUKTE

↑ **TEMPERATURE RESISTANCE** VERY GOOD, DSM SOMOS® PROTO TOOL UP TO 250°C, DSM SOMOS® PROTO THERM UP TO 125°C

↑ **RESISTANCE TO SCRATCHING / SURFACE STRENGTH** GOOD, HOMOGENEOUS

↑ **STRENGTH / RESISTANCE TO BENDING / RESISTANCE TO STRAIN** GOOD, DSM SOMOS® PROTO TOOL, VERY GOOD, DSM SOMOS® PROTO THERM

↓ **EXPENDITURE FOR LABOUR AND PRODUCTION** LOW, FAST CONSTRUCTION OF PROTOTYPES

FORM DISCRETIONARY

USES POTENTIAL FOR MANUFACTURING IN SMALL SERIES AS WELL AS CUSTOM-MADE PRODUCTS

FORM VERÄNDERND
FORM CHANGING

GEBOGENE BATTERIEN Die Lithylene-Batterie-Technologie ermöglicht es, dass Batterien aufgrund ihrer Struktur auf einfachem Wege gebogen und in verschiedensten Formen hergestellt werden können. Für die Gestaltung neuer mobiler elektronischer Geräte bietet diese im Herbst 2002 auf den Markt gekommene Technologie neue Möglichkeiten. Oft stellen Batterien oder Akkus und die dazugehörigen Einlegefächer das größte und unflexibelste Volumen in einem Gerät dar. Dieses Problem besteht nicht mehr, da die Lithylene-Batterien in freien Volumen gebogen oder sogar entlang den Konturen des Produkts gelegt werden können. Zusätzlich zeichnen sie sich neben dem schlanken Profil auch durch ein geringes Gewicht und eine hohe Energie-Leistung aus. » Batterien in verschiedenen Größen und Formen, die kleinste 10 × 38 mm

MOLDED BATTERIES Lithylene battery technology enables batteries, as a result of their structure, to be molded easily and produced in a wide variety of shapes. This technology, which appeared on the market in fall 2002, affords new opportunities for the design of new mobile electronic devices. Batteries or accumulators and their respective compartments are often the bulkiest and least flexible part of such devices. This problem is now a thing of the past, as lithylene batteries can be molded in any size and even positioned along the product's outer edges. In addition they are characterized by their slender shape, low weight and high level of energy output. » Batteries in various shapes and sizes, the smallest measures 10 × 38 mm

---

Philips, Electronics Nederland B.V

↓ **GEWICHT** REDUZIERT	↓ **WEIGHT** REDUCED
↓ **VOLUMEN** GERING	↓ **VOLUME** LOW
KOMFORT GEWICHTS- VOLUMENREDUZIERTE MOBILE GERÄTE	**ADVANTAGES** LIGHT WEIGHT AND COMPACT MOBILE APPARATUSES
FORM BELIEBIG	**FORM** DISCRETIONARY

SEITENLICHT-FASERN sind eine Weiterentwicklung der gewöhnlichen Lichtleit-Fasern. Diese werden an einem Ende der Faser mit Licht gespeist und geben dieses am anderen Ende der Faser wieder ab. Auf diese Weise können über große Flächen oder Strecken viele Lichter realisiert werden, die nur von einer Lichtquelle gespeist werden. Seitenlichtfasern strahlen das Licht jedoch über die ganze Länge aus. Sie sind aus UV-stabilem PMMA und enthalten spezielle Zusätze gegen Pilzbewuchs, Algen und Schimmel. Aufgrund dieser Eigenschaften können die Seitenlicht-Fasern auch in Außenbereichen und im Wasser verlegt werden. Durch eine verdrillte Führung der einzelnen Fasern, patentiert bei Fiberstars Inc., USA, wird das seitlich austretende Licht auf Strecken bis zu 45 m (bei beidseitiger Einspeisung) gleichmäßig abgegeben. Die Seitenlicht-Fasern werden mit einem Durchmesser von 4 und 14 mm hergestellt. » Leuchtende Seitenlichtfaser, ø 14 mm, Länge: 2,80 m

SIDE LIGHT FIBERS are a more advanced form of standard light-conducting fibers. Light is inputted at one end of a fiber and emitted at the other end. In this way, several lights that are fed from just one source can operate over large areas or great distances. Side light fibers do not however emit light along the whole length of fiber. They are made of UV-robust PMMA and contain special additives against fungal growth, algae and mold, allowing them to be laid outside, and in water. Thanks to the individual fibers, patented by Fiberstars Inc., USA being twisted, the light is emitted evenly over a distance of up to 45 m (if fed on both sides). The side light fibers are manufactured with a diameter of 4 or 14 mm. » Luminous side light fibers, ø 14 mm, length: 2.80 m

---

LBM Lichtleit-Fasertechnik GmbH

↑ **TEMPERATURBESTÄNDIGKEIT** GUT, −25–40°C
↑ **FLAMMENRESISTENZ** GUT
↓ **GEWICHT** GERING
↑ **ELASTIZITÄT** SEHR GUT (SEILÄHNLICH)
ÖKOLOGIE MATERIALREDUZIERUNG
↑ **BESONDERE EIGENSCHAFTEN** BESTÄNDIG GEGEN PILZE, ALGEN, SCHIMMEL
FORM 4–14 mm DICKE SEILE
FUNKTION SICHERHEITSBELEUCHTUNG

↑ **TEMPERATURE RESISTANCE** GOOD, −25–40°C
↑ **INCENDIARY RESISTANCE** GOOD
↓ **WEIGHT** LIGHT
↑ **ELASTICITY** VERY GOOD (SIMILAR TO ROPE)
ECOLOGICAL FACTORS LOW MATERIAL USE
↑ **SPECIAL CHARACTERISTICS** GOOD FOR FIGHTING FUNGUSES, ALGAE AND MOULD
FORM 4–14 mm THICK ROPE
USES SAFETY LIGHTING

18

3D FURNIER Gewöhnliches Messer- oder Schälfurnier wird in einem neuen Verfahren mit sehr feinen Schnitten versehen und kann dann in dreidimensionalen Formen zu selbsttragenden Bauteilen formverleimt werden. Die Maserung und die Faserstruktur werden in diesem Prozess nicht zerstört.

Durch die Verformbarkeit in die dritte Dimension werden sehr gute Stabilitäten bei geringer Materialdicke erzielt. So kann aufgrund der dreidimensionalen Aussteifungen eine Dickenreduzierung von bis zu 45 Prozent erreicht werden. Mit diesem Werkstoff können Formverleimungen aus Holz erstmals die Anmutung von tiefgezogenen oder spritzgegossenen Kunststoffen oder gedrückten Metallblechen bekommen. Daraus ergeben sich neue Gestaltungs- und Anwendungsmöglichkeiten, die bisher aus Holz nicht denkbar waren. » Zwei wellenförmige Formverleimungen – links: gewöhnliches Furnier reißt, rechts: 3D Furnier, 240 × 240 × 100 mm

3-D VENEER In a new process, fine cuts are introduced to standard sliced or rotary-cut veneer, enabling it to be bonded in three-dimensional shapes to self-supporting building components. Neither the grain nor the structure of the fibers is damaged by the process.

Being able to make three-dimensional shapes means that while the material is very thin it is nonetheless highly robust. As such, as a result of the three-dimensional stiffening, the material's thickness can be reduced by up to 45 percent. This material enables wood bondings for the first time to be given a deep or injection molded plastic look, or pressed metal sheet look. This in turn provides new previously inconceivable opportunities for the design and use of wood. » Two corrugated bonded shapes – left, standard veneer tears, right, 3-D veneer, 240 × 240 × 100 mm

---

Reholz GmbH

DICKE 0,6–1,2 mm

↑ **FESTIGKEIT / BIEGEFESTIGKEIT / BELASTBARKEIT** SEHR GUT

↓ **VOLUMEN** REDUZIERT

ÖKOLOGIE MATERIALREDUZIERUNG

↑ **ARBEITS- / HERSTELLUNGSAUFWAND** HOCH

FORM FURNIER WIE TIEFGEZOGENER KUNSTSTOFF, 3D FORM

FUNKTION SUBSTITUTION VON KUNSTSTOFF

THICKNESS 0.6–1.2 mm

↑ **STRENGTH / RESISTANCE TO BENDING / RESISTANCE TO STRAIN** VERY GOOD

↓ **VOLUME** REDUCED

ECOLOGICAL FACTORS LOW MATERIAL USE

↑ **EXPENDITURE FOR LABOUR AND PRODUCTION** HIGH

FORM VENEER SIMILAR TO THERMOFORMED PLASTIC, 3-D FORM

USES SUBSTITUTE FOR PLASTIC

19

FASALEX® ist ein Kunststoff, der aus biologisch abbaubaren Rohstoffen hergestellt wird. Holzabfälle wie Sägemehl oder Späne bilden dabei den Hauptanteil. Als Bindemittel dient herkömmlicher Mais. Die dritte Komponente bilden Naturharze bzw. biologisch abbaubare Kunststoffe. Diese drei Komponenten werden zu einem Granulat verarbeitet, das dann in verschiedenen Verfahren der Kunststofftechnologie verarbeitet werden kann. Die hier gezeigten Profile wurden im Extrusionsverfahren hergestellt. Der Werkstoff ist biologisch abbaubar, recyclierfähig, sehr stabil, biegefest und schwer entflammbar. Die Bearbeitung von fasalex® Produkten kann mit allen in der Holzbearbeitung üblichen Technologien erfolgen. Außerdem können sie lackiert, pulverbeschichtet, furniert oder aber mit Lebensmittelfarben eingefärbt werden.

Da in diesem Verfahren jede Art von Faserrohstoff umsetzbar ist, können die typischen landwirtschaftlichen Rohstoffe der jeweiligen Regionen berücksichtigt werden. In Mittelamerika könnte Holz durch Zuckerrohrabfälle, in Asien Mais durch Reis ersetzt werden. » Extrudierte Profile aus fasalex®, ca. 550 × 80 × 28 mm

FASALEX® is a plastic made of biologically degradable raw materials, whereby the lion's share is made up of wood residues, such as saw dust or chippings. Maize is used as the bonding agent. The third component is natural resins or biologically degradable plastics. These three components are processed to form pellets that can then be worked using various methods possible with plastics technology. The profiles on display here are manufactured by extrusion. The material is biologically degradable, recyclable, very stable, structurally rigid and non-flammable. fasalex® products can be processed with all the technologies customarily associated with wood working. Furthermore, they can be lacquered, powder-coated, veneered or dyed using food dyes.

Since all types of raw fibrous materials can be used for this purpose, the typical agricultural raw materials available in the respective region can be utilized. In Central America, wood sugar-cane residues can be employed instead, and in Asia rice instead of maize. » Extruded profiles made of fasalex®, approx. 550 × 80 × 28 mm

---

Fasalex GmbH

↑ **TEMPERATURBESTÄNDIGKEIT** GUT, 0–250°C

↑ **FLAMMENRESISTENZ** GUT

↓ **GEWICHT/DICHTE** REDUZIERT, 1,3–1,4g/l

↑ **KRATZFESTIGKEIT/OBERFLÄCHENBESTÄNDIGKEIT** HOLZÄHNLICH

↑ **BIEGEFESTIGKEIT/DRUCKFESTIGKEIT** GUT, 50N/mm²

↓ **VOLUMEN** GERING

↓ **ENERGIEVERBRAUCH** NIEDRIG

ÖKOLOGIE NACHWACHSENDE ROHSTOFFE, RECYCLEBAR

FORM VERARBEITUNG IN KUNSTSTOFF-TECHNOLOGIEN

↑ **TEMPERATURE RESISTANCE** GOOD, 0–250°C

↑ **INCENDIARY RESISTANCE** GOOD

↓ **WEIGHT/DENSITY** REDUCED, 1.3–1.4g/l

↑ **RESISTANCE TO SCRATCHING/SURFACE STRENGTH** SIMILAR TO WOOD

↑ **RESISTANCE TO BENDING/RESISTANCE TO PRESSURE** GOOD; 50N/mm²

↓ **VOLUME** LOW

↓ **ENERGY USE** LOW

ECOLOGICAL FACTORS RENEWABLE RAW MATERIALS; RECYCLABLE

FORM USABLE IN SYNTHETICS ENGINEERING

20

SCHINDELN AUS RECYCLING-MATERIALIEN Diese Schindeln bestehen zu hundert Prozent aus recycelten Materialien. Zum einen aus verstärktem Vinyl, das die Widerstandsfähigkeit des Produkts ermöglicht, zum anderen aus Zellulose aus Sägemehl. Aus dem Vinyl und der Zellulose wird zunächst ein Granulat hergestellt, aus welchem dann die Schindeln spritzgegossen werden. Die Öko-Schindeln enthalten darüber hinaus zwei verschiedene UV-Blocker, Feuer-Hemmmittel und Farbstoffe.

Sie sind relativ leicht und zeichnen sich durch gute Feuer- und Stoßfestigkeit aus. Extremen Wetterbedingungen wie stark schwankenden Temperaturen, großer Hitze oder Feuchtigkeit halten sie stand, ohne zu brechen, sich zu verformen oder zu verblassen. Darüber hinaus sind sie beständiger gegen Schimmel und Pilzbefall als viele andere Dachmaterialien. Die Schindeln können mit konventionellen Werkzeugen zugeschnitten und genagelt werden. Interessant ist die Gestaltung der Schindeln. Im sichtbaren Bereich ist die Schindel holzähnlich strukturiert, im später verdeckten Bereich befinden sich technische Angaben für die Montage wie Bohrlöcher und Überlappungslinen. Diese werden im Spritzgusswerkzeug realisiert. » Dachschindel aus recycelten Materialien, ca. 720 × 240 × 4 mm

SHINGLES MADE OF RECYCLED MATERIALS These shingles are made completely from recycled materials. First of all, reinforced vinyl is used to provide rigidity and durability, second, cellulose gained from sawdust is added. The vinyl and the cellulose are initially processed into pellets, from which the shingles are then injection-molded. The eco-shingles also contain two different UV blockers, fire inhibiting agents and dyes.

They are relatively light and stand out for their good fire- and impact-proof qualities. They do not break, lose shape or pale under extreme weather conditions such as large temperature fluctuations or moisture. Furthermore, they are more resistant to mold and fungi than many other roofing materials. The shingles can be cut and nailed using conventional tools. The design is also interesting: In the section visible to the eye, the shingles have a wood-like texture whereas the section later covered over bears technical assembly data such as indications of drill points and overlap lines. These are created during the injection molding process. » Roof shingle made of recycled materials, approx. 720 × 240 × 4 mm

---

Re-New Wood Inc.

↑ **TEMPERATURBESTÄNDIGKEIT** GUT

↑ **FLAMMENRESISTENZ SEHR** GUT

↓ **DICKE** GERING, 4–8mm

↑ **KRATZFESTIGKEIT / OBERFLÄCHENBESTÄNDIGKEIT** GUT

↑ **FESTIGKEIT / FLEXIBILITÄT** GUTE ABRIEBFESTIGKEIT, GUT

ÖKOLOGIE RECYCLEBAR

↓ **ARBEITS- / HERSTELLUNGSAUFWAND** GERING

↑ **TEMPERATURE RESISTANCE** GOOD

↑ **INCENDIARY RESISTANCE** VERY GOOD

↓ **THICKNESS** LOW, 4–8mm

↑ **RESISTANCE TO SCRATCHING / SURFACE STRENGTH** GOOD

↑ **STRENGTH / FLEXIBILITY** GOOD RESISTANCE TO ABRASION, GOOD

ECOLOGICAL FACTORS RECYCLABLE

↓ **EXPENDITURE FOR LABOUR AND PRODUCTION** LOW

21

DREIDIMENSIONALES STRICKEN In diesem Verfahren werden Daten in Strickmaschen umgesetzt. Es entstehen gestrickte 3D-Volumen, die ohne Nähte, ohne Konfektion, ohne Handarbeit und ohne Verschnitt hergestellt werden, wodurch gleichzeitig eine Reduzierung der Kosten erreicht werden kann.

Durch die Verwendung verschiedener Garne, Strickarten und Maschengrößen oder durch doppellagiges Stricken können unterschiedliche Härten, Flexibilitäten, Weichheiten und Strukturen hergestellt werden. Durch diese Kombination von Material und Technik ist es möglich, medizinische Produkte und Kleidungsstücke herzustellen, die die Anatomie des Körpers optimal nachformen. Ursprünglich für die Herstellung von Bandagen, Orthesen und andere medizinische Anwendungen entwickelt, wurde die Technologie von Issey Miyake in den Bereich der Mode transferiert. Er entwickelte seine Kollektion APOC aus einem unendlich langen Schlauch, aus dem die verschiedenen Modelle nur noch herausgeschnitten werden müssen. Konturen, Nähte und Öffnungen sind bereits integriert.

Des weiteren werden Sportsitze für Autos und Bezüge für Bürostühle bereits in diesem Verfahren hergestellt. Aber auch in anderen Sitz- und Möbelbereichen oder überall dort, wo dreidimendionale Gegenstände aus Textil eingesetzt werden oder eingesetzt werden könnten, ermöglicht das dreidimensionale Stricken eine Realisierung von formal neuen Ansätzen. » Multifunktionsorthese für das Bein, ca. 500 × 170 mm

THREE-DIMENSIONAL KNITTING In this process, data is put into practice in knitted stitches. The result: knitted 3-D volumes that have no seams, are not cut, need no handi work, and entail no offcuts – which also reduces costs.

Through use of different yarns, types of stitching and stitch sizes, or by means of double-layered knitting, different hardness or flexibility scales, softness and texturing can all be realized. This combination of materials and technology enables medical products and articles of clothing to be made that optimally reflect the body's anatomy. The method was originally developed to make bandages, ortheses and for other medical applications, but the technology has also been adopted for the fashion world by Issey Miyake. He developed his APOC Collection using an endlessly long hose from which the various models were then cut. Contours, seams and openings are ready-integrated.

Moreover, sports-car seats and covers for office chairs are already being made using this method. Indeed, 3-D knitwear is a solution delivering previously unknown properties for other areas of seating and furniture manufacture and in fact anywhere that 3-D textiles can or could be used. » Multifunctional orthesis for the leg, approx. 500 × 170 mm

---

Bauerfeind

↓ **GEWICHT** REDUZIERT

↑ **FESTIGKEIT / ELASTIZITÄT** SEHR GUT, GÜTE FORMSTABILITÄT

KOMFORT SEHR GUT, OPTIMALE PASSFORM

↓ **ARBEITS- / HERSTELLUNGSAUFWAND** GERING

ÖKOLOGIE KEIN VERSCHNITT, ENERGIE-SPAREND

FORM TEXTILE 3D-FORMEN OHNE NÄHTE

↓ **WEIGHT** REDUCED

↑ **STRENTH / ELASTICITY** VERY GOOD, MAINTAINS SHAPE

ADVANTAGES VERY GOOD, OPTIMUM SHAPE

↓ **EXPENDITURE FOR LABOUR AND PRODUCTION** LOW

ECOLOGICAL FACTORS NO LEFT OVER CLIPPINGS; LOW USE OF ENERGY

FORM THREE-DIMENSIONAL TEXTILE SHAPES WITHOUT SEAMS

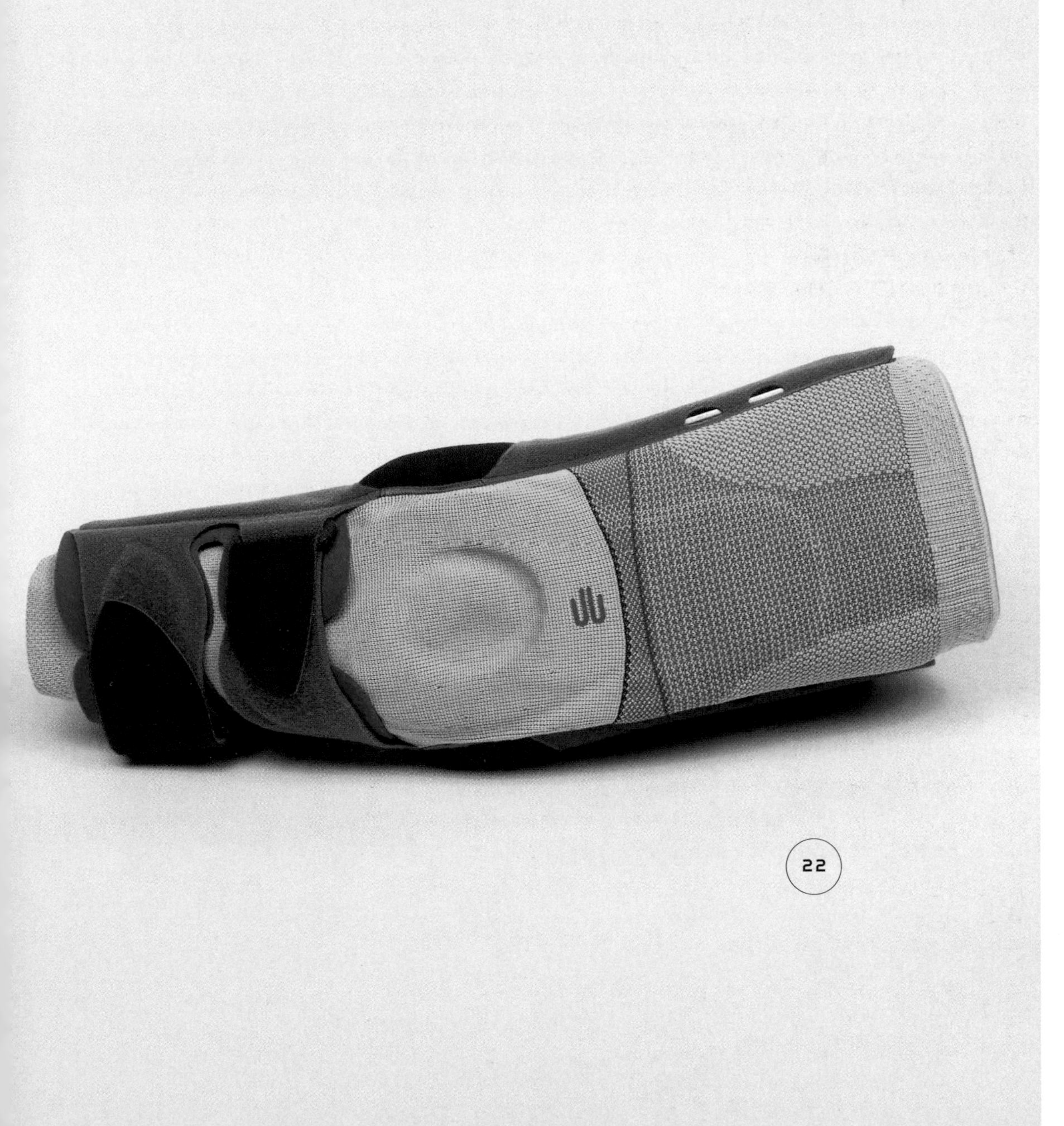

22

ABSTANDSGEWIRKE sind dreidimensionale technische Textilien. Sie werden in einem Verfahren hergestellt, in dem zwei textile Flächen gewebt oder gestrickt und gleichzeitig durch Abstandsfäden miteinander verbunden werden. Die Oberflächen können unterschiedliche Maschengrößen, aber auch unterschiedliche Materialien (Polyester, Wolle, Baumwolle etc.) aufweisen. Die Dicke, das heißt der Abstand zwischen den beiden Deckschichten, kann je nach Bedarf zwischen 2 und 60 mm variieren. Die besonderen Eigenschaften von Abstandsgewirken sind Luftzirkulation, weiche Polstereigenschaften, sehr gutes Rückstellverhalten, Schockabsorption, geringes Gewicht, gute Verform- und Recyclierbarkeit.

Im Gegensatz zu Schaumstoffen, die sich dem Körper unpräzise anpassen, unterstützen sie als Polstermaterial verschiedene Sitzpositionen optimal. Der Materialverbrauch ist im Vergleich zu herkömmlichen Polsteraufbauten bedeutend geringer. Die variablen Eigenschaften von Dicke und Maschengrößen bzw. Texturen in den Deckschichten sowie die Verwendung von unterschiedlichen Garnen ermöglichen es, ein Kombimaterial zu entwickeln, welches Bezug und Polstermaterial in einem ist. » Zwei unterschiedliche Abstandsgewirke, je 210 × 297 mm

KNITTED DISTANCERS are 3-D technical textiles. They are made by a method involving two textile surfaces being woven or knitted and at the same time connected by distancing threads. The surfaces can have different stitch sizes or entail different materials (polyester, wool, cotton, etc.). The thickness of the material, i.e., the distance between the two outer layers, can vary between 2 and 60 mm according to requirements. The special properties of such knitted distancers are: air circulation, soft cushioning, prime ability to resume the original shape, shock absorption, low weight, good reforming qualities and recyclability.

Unlike foams that only adapt imprecisely to the shape of the body, as upholstery such fabrics provide optimal support for various sitting positions. Raw material consumption is also significantly lower than that of the customary upholstery fabrics. The variable properties as regards thickness and stitch size/textures in the outer layers as well as the use of different yarns mean that a combi-material can be developed that is both upholstery and cover in one. » Two different knitted distancers, each 210 × 297 mm

---

Müller Textil GmbH

↓ **GEWICHT** GERING
DICKE 2–60 mm
↑ **OBERFLÄCHENBESTÄNDIGKEIT** GUTE ABRIEBFESTIGKEIT
↑ **BIEGEFESTIGKEIT / BELASTBARKEIT / FESTIGKEIT** SEHR GUT
↑ **ELASTIZITÄT** SEHR GUT
KOMFORT LUFTZIRKULATION, WEICHES POLSTER, GUTE PASSFORM
ÖKOLOGIE RECYCLEBAR, LANGE LEBENSDAUER
↓ **ARBEITS- / HERSTELLUNGSAUFWAND** REDUZIERT
FORM MONOMATERIAL

↓ **WEIGHT** LIGHT
THIKNESS 2–60 mm
↑ **SURFACE STRENGTH** GOOD RESISTANCE TO ABRASION
↑ **RESISTANCE TO BENDING / RESISTANCE TO STRAIN / STRENGTH** VERY GOOD
↑ **ELASTICITY** VERY GOOD
ADVANTAGES AIR CIRCULATION, SOFT PADDING, GOOD SHAPE
ECOLOGICAL FACTORS RECYCLABLE, DURABLE
↓ **EXPENDITURE FOR LABOUR AND PRODUCTION** REDUCED
FORM ONLY ONE MATERIAL NEEDED

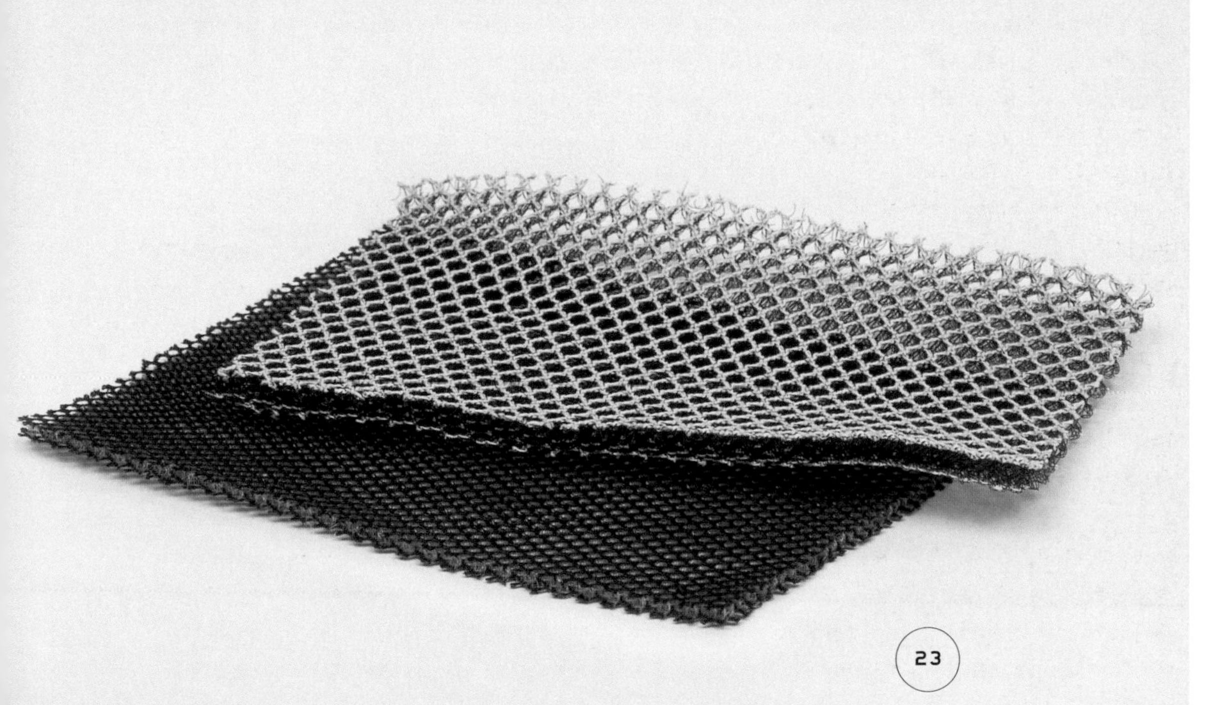

TPE THERMOPLASTISCHE ELASTOMERE sind im Gegensatz zu den „klassischen" Elastomeren recyclebar. Sie können eingeschmolzen und dann neu verarbeitet werden. TPEs werden mit verschiedenen Eigenschaften gefertigt: Transparenz, gute Verarbeitungsmöglichkeiten im Extrusions-Blasverfahren, 2K-Spritzguss und Thermoforming, gute Einfärbbarkeit, Bedruckbarkeit, gute mechanische Eigenschaften wie Schockabsorption und vor allem eine angenehme Haptik. Aufgrund dieser Eigenschaften können sie an vielen Stellen PVC ersetzen. Ursprünglich wurde es als Dichtungsmaterial eingesetzt, dann für die flexible Zahnbürste mit Griff entdeckt, und heute gibt es TPE auch bei medizinischen Geräten, Spielwaren, Sportgeräten, elektronischen Geräten und im Bereich der Möbel. Für die Kopfstütze und Rückenschale des Stuhls „Ypsilon" von Mario Bellini für Vitra wurde erstmalig TPE in einer solchen Anwendung eingesetzt. Das für dieses Projekt entwickelte ThermoplastK® auf Basis von hier transparenten Styrol-Block-Polymeren bietet einen guten Bewegungskomfort und Halt und ist gleichzeitig Kopfstütze, Rückenschale und Polster.

Eine interessante Neuentwicklung ist der 2K-Spritzguss, bei dem harte und weiche TPEs formschlüssig miteinander verbunden werden. Diese sehr stabilen und belastbaren Verbindungen könnten neue Gestaltungsmöglichkeiten für integrierte Scharniere, Faltmechanismen und Drehpunkte darstellen. » Kopfstütze ca. 390 × 260 × 130 mm und 2K-Proben, bei denen unterschiedliche Härten miteinander verspritzt wurden.

Unlike "classic" elastomers, **TPE THERMOPLASTIC ELASTOMERS** can be recycled. They can be melted down and then reprocessed. TPEs are produced with a variety of properties: transparency, easy to work using extrusion machines, 2-C injection molding and thermoforming, easy to dye or print, good mechanic properties such as shock absorption and above all a pleasant haptic feel. Thanks to these features, it could replace PVC for many applications. It was originally used as a sealant, then applied to flexible toothbrushes with handles, and is now being used in medical appliances, toys, sports equipment, electronic devices and for furniture. The headrest and backrest of Mario Bellini's "Ypsilon" chair for Vitra is the first to boast TPE for such a purpose. The ThermoplastK® developed for this purpose on the basis of the transparent styrene-block polymers provide good mobility, support and comfort, functioning as an all-in-one headrest, backrest and upholstery.

An interesting innovation is 2-C injection molding, whereby hard and soft TPEs are molded cohesively with each other. These very stable and durable compounds can offer new possibilities for designing integrated hinges, folding mechanisms and swivels. » Headrest approx. 390 × 260 × 130 mm and 2-C samples: different hardnesses are injected into the mold at once.

Kraiburg TPE GmbH

↓ **GEWICHT / DICHTE** NIEDRIG, 0,9 g/cm³

↑ **KRATZFESTIGKEIT / OBERFLÄCHENBESTÄNDIGKEIT** GUT

↑ **FESTIGKEIT / FLEXIBILITÄT** SEHR GUT, GUT

KOMFORT GUTER SITZKOMFORT

ÖKOLOGIE RECYCLEBAR

↓ **ARBEITS- / HERSTELLUNGSAUFWAND** GERING

FUNKTION RÜCKENSCHALE UND POLSTER IN EINEM

↓ **WEIGHT / DENSITY** LIGHT, 0.9 g/cm³

↑ **RESISTANCE TO SCRATCHING / SURFACE STRENGTH** GOOD

↑ **STRENGTH / FLEXIBILITY** VERY GOOD; GOOD

ADVANTAGES COMFORTABLE SEATING

ECOLOGICAL FACTORS RECYCLABLE

↓ **EXPENDITURE FOR LABOUR AND PRODUCTION** LOW

USES BACK MOULD AND PADDING IN ONE UNIT

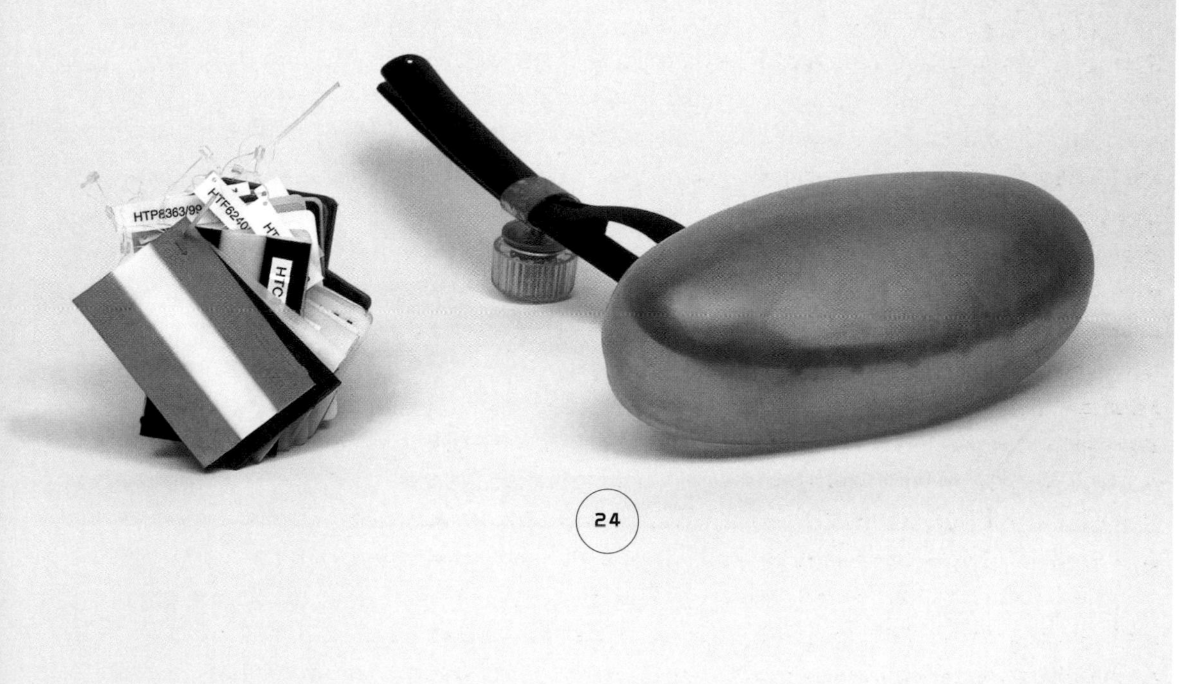

24

KERAMISCHE FASERVERBUNDWERKSTOFFE Der keramische Verbundwerkstoff, WHIPOX (Wound Highly Porous Oxide CMC) besteht aus aluminiumoxidischen Matrizen, die durch kontinuierliche Aluminiumsilikatfasern verstärkt sind. In einem kontinuierlichen Wickelprozess werden die Fasern durch einen wässrigen „Keramik-Schlicker" gezogen, mit Mikrowellen leicht angetrocknet, dann gewickelt oder laminiert und später gesintert.

WHIPOX ist eine weiße Faserkeramik, aus der, im Vergleich zu anderen faserverstärkten keramischen Verbundwerkstoffen, auch komplex geformte Bauteile kostengünstig hergestellt werden können. Diese finden dort ihren Einsatz, wo monolithische keramische Werkstoffe aufgrund ihrer Sprödigkeit nicht einsetzbar sind. Keramische Faserverbundwerkstoffe besitzen sehr gute mechanische Eigenschaften und lassen sich sägen, bohren, schleifen und dergleichen. Ursprünglich wurde dieser Werkstoff für Thermalschutzsysteme im Bereich der Luft- und Raumfahrt entwickelt. Durch sein geringes spezifisches Gewicht und die netzartigen Strukturen eignet er sich auch hervorragend als keramischer Leichtbauwerkstoff für Hochtemperaturanwendungen. » Rohr. Im oberen Teil ist die gewickelte Wabenstruktur (Mittellage) zu erkennen, ca. 120 × 200 mm

CERAMIC FIBER-BONDED MATERIALS The ceramic compound WHIPOX (Wound Highly Porous Oxide CMC) consists of aluminum oxide matrices reinforced by continuous aluminum silicate fibers. In a continuous winding process, the fibers are drawn through a watery "ceramic paste", dried slightly by microwaves, then wound or laminated, and later sintered.

WHIPOX is a white fibrous ceramic, from which complex-shaped components can be made cost-effectively compared with other fiber-reinforced ceramic compounds. These can then be used in applications for which monolithic ceramic materials are unsuitable owing to their brittleness. Ceramic fiber compounds have superior mechanical properties and can be sawn, drilled, sanded, etc. Originally, the material was devised for thermal protection systems for use in the aerospace industry. Owing to its low specific weight and the net-like structure, it is also ideal as a light ceramic material for high-temperature applications. » Tube. The wound honeycomb structure (middle section) is visible here, approx. 120 × 200 mm

---

DLR Deutsches Zentrum für Luft- u. Raumfahrt

↑ **TEMPERATURBESTÄNDIGKEIT** SEHR GUT BIS 1300° C
↑ **FLAMMENRESISTENZ** SEHR GUT
↑ **KRATZFESTIGKEIT / OBERFLÄCHENBESTÄNDIGKEIT** SEHR GUT, MATT
↑ **FESTIGKEIT / BIEGEFESTIGKEIT / BELASTBARKEIT** SEHR GUT
↓ **VOLUMEN** GERING
↓ **ENERGIEVERBRAUCH** NIEDRIG IN HOCHTEMPERATURANLAGEN
↑ **ARBEITS- / HERSTELLUNGSAUFWAND** HOCH
FUNKTION LEICHTBAUKERAMIK

↑ **TEMPERATURE RESISTANCE** VERY GOOD UP TO 1300° C
↑ **INCENDIARY RESISTANCE** VERY GOOD
↑ **RESISTANCE TO SCRATCHING / SURFACE** VERY GOOD, DULL
↑ **STRENGTH / RESISTANCE TO BENDING / RESISTANCE TO STRAIN** VERY GOOD
↓ **VOLUME** LOW
↓ **ENERGY USE** LOW IN HIGH-TEMPERATURE PLANT
↑ **EXPENDITURE FOR LABOUR AND PRODUCTION** HIGH
USES LIGHTWEIGHT CERAMICS

DÜNNGLAS ist ein farbloses Borosilikatglas, das im Down-Draw-Verfahren in Form eines kontinuierlich produzierten Bandes erzeugt wird. Erst später wird das Glas auf das gewünschte Maß geschnitten. Die minimale Dicke von Dünnglas beträgt 0,03 mm und es lässt sich, einer Folie vergleichbar, bis zu einem gewissen Radius biegen. Aufgrund der speziellen Zusammensetzung des Borosilikatglases zeichnet sich Dünnglas durch gute Säure- und Laugenbeständigkeit und durch sehr gute Formstabilität auch bei großer Hitze aus.

Dünnglas findet in jenen Bereichen Verwendung, in denen Miniaturisierung und Gewichtsreduzierung von Vorteil sind. Kleinere, flachere, leichtere PDAs, Displays, Touchpanels, TV-Geräte, Solarzellen, Sensoren und Mikroskalen von Messinstrumenten sind mit Dünnglas zu realisieren. » Dünnglas auf einer Pappe liegend, 100 × 100 × 0,03 mm

THIN GLASS is a colorless borosilicate glass manufactured by down-drawing in the form of a continuous production line. Only at a later stage is the glass cut to the required size. The minimum thickness of thin glass is 0.03 mm and, comparable to foil, it can be bent through a certain radius. Owing to the special composition of borosilicate glass, thin glass stands out for its prime resistance to acids and alkalines and by its very stable form even under great heat.

Thin glass can be used in those areas where miniaturization and weight reduction are advantageous. Smaller, flatter, lighter PDAs, displays, touchpanels, TVs, solar cells, sensors and micro-scales for measure instruments can be produced using thin glass. » Thin glass resting on carton, 100 × 100 × 0,03 mm

---

Schott Spezialglas GmbH

↑ **TEMPERATURBESTÄNDIGKEIT** GUT, BIS 660°C

↑ **FLAMMENRESISTENZ** SEHR GUT

↓ **GEWICHT/DICKE** GERING, MIN. 0,03mm

↑ **KRATZFESTIGKEIT/OBERFLÄCHENBESTÄNDIGKEIT** GUT, SEHR GLATT, GUTE TRANSMISSION

↑ **FESTIGKEIT/BIEGEFESTIGKEIT** ZERBRECHLICH, GUT, IN DER FLÄCHE SEHR BELASTBAR

KOMFORT MINIATURISIERUNG VON MOBILEN GERÄTEN

FORM BELIEBIG, FOLIE, SCHEIBEN

FUNKTION DISPLAY, TOUCHPANELS, WAFER, OBERFLÄCHENSCHUTZ

↑ **TEMPERATURE RESISTANCE** GOOD UP TO 660°C

↑ **INCENDIARY RESISTANCE** VERY GOOD

↓ **WEIGHT/THICKNESS** LIGHT, MIN. 0.03mm

↑ **RESISTANCE TO SCRATCHING/SURFACE STRENGTH** GOOD, VERY SMOOTH, GOOD TRANSMISSION

↑ **STRENGTH/RESISTANCE TO BENDING** FRAGILE, GOOD, SURFACE IS VERY RESISTANT TO STRAIN

ADVANTAGES MAKES MOBILE APPARATUSES SMALLER

FORM DISCRETIONARY, FOIL, PLATES

USES DISPLAYS, TOUCH PANELS, WAFERS, SURFACE PROTECTION

NEUE TECHNOLOGIEN

NEW TECHNOLOGY

SELECTIVE POWDER SINTERING ist ein Rapid-Prototyping-Verfahren. Es dient der Herstellung von Funktionsmustern aus Metall, die den späteren Serienprodukten weitgehend entsprechen. Feinstes Metallpulver wird mit einem computergesteuerten Laser angeschmolzen. Schicht für Schicht wird neues Pulver über den bereits verschmolzenen Bereich gelegt, um dann mit der unteren Schicht verschmolzen zu werden. Der präzise Laser fährt hochkomplexe Konturen und kleinste Details ab. So entstehen dreidimensionale, formal höchst anspruchsvolle Bauteile aus Metall mit der gleichen Dichte und Verschleißfestigkeit wie Produkte, die auf konventionellem Wege hergestellt werden. Dieses Verfahren wird überwiegend genutzt, um Prototypen von Bauteilen oder Werkzeugen herzustellen. Denkbar ist es aber auch für die Herstellung von Komponenten für Kleinserien, zum Beispiel als Ersatz für Gussteile und deren kostenintensiven Werkzeugbau. » Druckgusswerkzeug, ca. 100 × 110 mm

SELECTIVE POWDER SINTERING is a rapid-prototyping process used to make metal functional patterns that more or less concur with the later mass-produced items. Very fine metal powder is melted using a computer-assisted laser. Layer by layer, new powder is placed on the molten mass, and then melted onto the layer below. The precision laser can trace ultra-complex contours and minute details. In this way, 3-D highly discerning forms can be achieved for metal components, with the same density and non-wearing properties as the products made conventionally. This process is primarily used to make prototypes for components or tools. It can conceivably be used for components for small series, such as replacing cast parts and their cost-intensive machine tooling. » Pressure-cast tool, approx. ca. 100 × 110 mm

---

Fraunhofer-Institut IFAM

↑ **FLAMMENRESISTENZ** GUT

↑ **GEWICHT / DICHTE** HOCH, ÄHNLICH GEGOSSENEM BAUTEIL

↑ **KRATZFESTIGKEIT / OBERFLÄCHENBESTÄNDIGKEIT** SEHR GUT

↓ **ARBEITS- / HERSTELLUNGSAUFWAND** GERING, SCHNELLER PROTOTYPENBAU

FORM BELIEBIG, SEHR KLEINTEILIGE, FORMAL KOMPLEXE BAUTEILE

FUNKTION PROTOTYPENBAU, KLEINSERIEN, CUSTOM-MADE-PRODUKTE

↑ **INCENDIARY RESISTANCE** GOOD

↑ **WEIGHT / THICKNESS** HIGH, SIMILAR TO A CAST COMPONENT

↑ **RESISTANCE TO SCRATCHING / SURFACE STRENGTH** VERY GOOD

↓ **EXPENDITURE FOR LABOUR AND PRODUCTION** LOW, FAST CONSTRUCTION OF PROTOTYPES

FORM DISCRETIONARY, VERY SMALL, FORMALLY COMPLEX BUILDING COMPONENTS

USES BUILDING PROTOTYPES, SMALL SERIES CUSTOM-MADE PRODUCTS

PULVERISIERTE METALLE werden überwiegend in Rapid-Prototyping-Verfahren eingesetzt. Die herkömmliche Art, pulvermetallurgische Teile herzustellen, ist das Pressen und anschließende Sintern. Dabei wird das Metallpulver zunächst mit einem Presshilfsmittel vermischt, dann wird die Mischung in einer Matrize oder Form gepresst und anschließend bei hoher Temperatur gesintert. Um die Dichte von Bauteilen, die auf diese Weise hergestellt werden, zu erhöhen, können Doppel-Press- und Doppel-Sinter-Verfahren angewendet werden, die allerdings einen hohen Energieaufwand darstellen. Eine alternative Entwicklung stellt das Warmkompaktieren dar. In diesem Verfahren wird ein neu entwickeltes System von Pulver und Pressmittel eingesetzt, das mit vergleichsweise geringen Drücken gepresst und bei geringeren Temperaturen gesintert wird, dem fertigen Bauteil jedoch eine höhere Dichte verleiht. Der Metallpulverspritzguss MIM (Metall Injection Molding) ist ein Verfahren, bei dem das Metallpulver durch Zusatz von thermoplastischen Kunststoffen und Wachsen fließfähig gemacht und spritzgegossen wird. Im nächsten Schritt wird der Kunststoffanteil wieder entfernt und das Bauteil gesintert, damit es seine Festigkeit bekommt. In diesem Verfahren können komplizierte Bauteile mit Hinterschnitten und dünnen Wandstärken besonders gut hergestellt werden. Das MIM verbindet die Eigenschaften des Metalls mit den Formgebungsmöglichkeiten des Kunststoffspritzgießens. Der Mikro-Metallpulverspritzguss ist ein ähnliches Verfahren wie das MIM. Allerdings werden hier Pulver mit Partikelgrößen kleiner als 5 µm verwendet. In diesem Verfahren können zum Beispiel für die Robotronic komplexe Mikrobauteile von wenigen Millimetern Größe hergestellt werden. » Zahnräder im Warmkompaktierungsverfahren hergestellt, ca. 20 – 45 mm

PULVERIZED METALS are primarily used in rapid-prototyping processes. The customary method for manufacturing pulverized metallurgical parts involves pressing and then sintering. The metal powder is, in other words, first mixed with a pressing auxiliary, and the admixture then placed in a stencil of mold and pressed, followed by sintering at a high temperature. In order to increase the density of the components manufactured in this way, double-press and double-sintering processes can be used – whereby the energy inputs are high. An alternative development is the heat-compacting method, a process whereby a newly developed system of powder and pressing material are combined that can be pressed using comparatively low pressure and sintered at a lower temperature – although the finished component has a higher density. MIM (metal injection molding) is a process whereby the pulverized metal is rendered free-flowing by adding thermoplastics and waxes to it, after which it can be injection molded. In the next step, the plastic additive is removed and the component sintered to give it rigidity. This process is especially well-suited for making complicated components involving undercuts and thin walls.
The MIM combines the property of the metal with the molding potential of plastics. Micro-metal powder injection molding is similar to MIM. However, it utilizes powders with particles that are smaller than 5um in size. This method can be deployed to make complex micro-components only a few mm in size for example for robotronic applications. » Cogs manufactured using the heat compacting process, approx. 20 – 45 mm

---

Fraunhofer-Institut IFAM

↑ **TEMPERATURBESTÄNDIGKEIT** SEHR GUT, BIS 1000° C

↑ **FLAMMENRESISTENZ** SEHR GUT

↑ **GEWICHT / DICHTE** SEHR HOCH

↑ **KRATZFESTIGKEIT / OBERFLÄCHENBESTÄNDIGKEIT** SEHR GUT, ÄHNLICH GUSSSTAHL

↑ **FESTIGKEIT / STEIFIGKEIT / BIEGEFESTIGKEIT / BELASTBARKEIT** SEHR GUT

↓ **ENERGIEVERBRAUCH** NIEDRIG

↓ **ARBEITS- / HERSTELLUNGSAUFWAND** GERING

FORM SEHR KLEINE, KOMPLEXE GEOMETRIEN

↑ **TEMPERATURE RESISTANCE** VERY GOOD UP TO 1000° C

↑ **INCENDIARY RESISTANCE** VERY GOOD

↑ **WEIGHT / DENSITY** VERY HIGH

↑ **RESISTENCE TO SCRATCHING / SURFACE STRENGTH** VERY GOOD, SIMILAR TO CAST STEEL

↑ **STRENGTH / RIGIDITY / RESISTANCE TO BENDING / RESISTANCE TO STRAIN** VERY GOOD

↓ **ENERGY USE** LOW

↓ **EXPENDITURE FOR LABOR AND PRODUCTION** LOW

FORM VERY SMALL AND COMPLEX GEOMETRIES

WOODWELDING® ist eine neue Technologie, um poröse Materialien durch den Einsatz von Ultraschall-Energie zu verbinden. Um dies zu erreichen, werden thermoplastische Elemente, zum Beispiel in Form von Dübeln oder Folien, als Verbindungselemente verwendet. WoodWelding® stellt damit eine Alternative zu traditionellen Verbindungs- oder Befestigungslösungen wie Nägeln oder Beschlagsystemen dar.

Die resultierende Verbindung zeichnet sich durch große Stabilität und Stärke aus, da sich der Kunststoff nur dort, wo der Ultraschall auf ihn trifft, verflüssigt, in die Poren eindringt und dort wieder aushärtet. WoodWelding® kann bei der Montage von Möbeln in kleinen Auflagen eingesetzt werden, ist jedoch vor allem für hochautomatisierte Produktionsprozesse geeignet, wie etwa die Serienfertigung von Möbeln, Fensterrahmen oder Türen. Diese Technologie bietet völlig neue Möglichkeiten für Design und Fertigung, da die Verbindungselemente im Gegensatz zu Nägeln und Schrauben praktisch jede Form annehmen können. Da mit diesem Verfahren aber nicht nur Holz, sondern auch poröse Materialien aller Art verbunden werden können, ist auch ein Einsatz im Bereich der Medizin denkbar, beispielsweise könnten Kunststoffprothesen auf diese Art am oder im Knochen verankert werden. » Kunststoffdübel, die in Massivholz per Ultraschall befestigt sind, 140 × 164 mm

WOODWELDING® is a new technology for connecting porous materials by use of ultrasonic energy. To this end, thermoplastic elements such as rawlplugs or foils, are used as the connectors. WoodWelding® is thus an alternative to traditional connecting or fastening solutions such as nails or fitting systems.

The resulting connections stand out for their great stability and strength, as the plastic only liquefies where it encounters ultrasonic energy, penetrates the pores and then rehardens there. WoodWelding® can be used when assembling small-runs of furniture, but is suited above all for highly automated production processes, such as series production of furniture, window frames or doors. This technology affords completely new possibilities for design and manufacturing, as the connecting elements (instead of nails and screws) can take practically any form / shape. Since the process can be used not only for wood, but also for connecting all kinds of porous materials, so it can also conceivably be used in medical applications, for example plastic prostheses can be attached to or embedded in bones. » Plastic rawlplugs implanted in solid wood by ultrasound, 140 × 164 mm

---

WoodWelding SA.

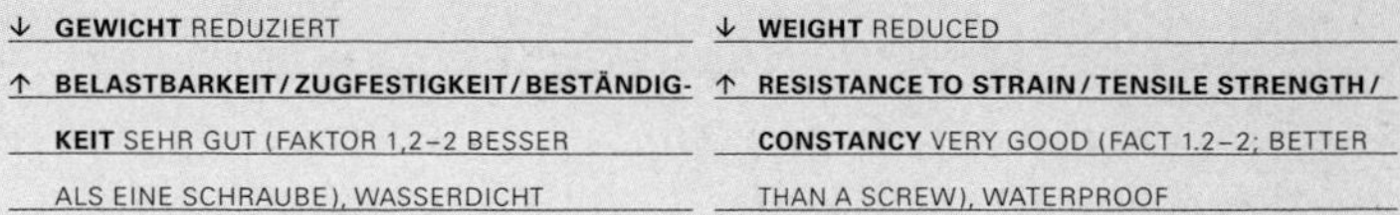

↓ **GEWICHT** REDUZIERT

↑ **BELASTBARKEIT / ZUGFESTIGKEIT / BESTÄNDIGKEIT** SEHR GUT (FAKTOR 1,2–2 BESSER ALS EINE SCHRAUBE), WASSERDICHT

↓ **VOLUMEN** REDUZIERT

↓ **ARBEITS- / HERSTELLUNGSAUFWAND** REDUZIERT, 1–5 sec. PROZESSZEIT INCL. AUSTROCKNUNG

ÖKOLOGIE SEHR GUT, DENN THERMOPLAST KANN BIODEGRADABLE SEIN

FORM GRIFF, BESCHLAG, ETC.

↓ **WEIGHT** REDUCED

↑ **RESISTANCE TO STRAIN / TENSILE STRENGTH / CONSTANCY** VERY GOOD (FACT 1.2–2; BETTER THAN A SCREW), WATERPROOF

↓ **VOLUME** REDUCED

↓ **EXPENDITURE FOR LABOUR AND PRODUCTION** LOW; 1–5 SEC. PROCESSING TIME INCL. DRYING

ECOLOGICAL FACTORS VERY GOOD, AS THERMOPLASTICS ARE BIO-DEGRADABLE

FORM HANDLES, MOUNTINGS, ETC.

NEUES SCHWEIßVERFAHREN FÜR ALUMINIUM Aluminium ist leicht und rostet nicht. Es ist ein idealer Werkstoff, nur stellte das Schweißen von Aluminiumbauteilen bisher ein Problem dar. Die Oxidschicht auf der Oberfläche, die sich durch den Luftsauerstoff bildet, verhindert chemische Bindungen.

Die Entwicklung neuer Lasertechnologien, die sich gut zum Schweißen und Löten eignen, ermöglichen es nun, auch Aluminium sehr präzise, berührungslos und mit hoher Geschwindigkeit zu verschweißen. Eines dieser Verfahren ist ein zweistufiges Laserverfahren. Bei diesem erzeugt der erste Laserstrahl an der Oberfläche des Bauteils thermische Spannungen durch die die Oxidschicht abplatzt. Der zweite Strahl schmilzt das Aluminium nur an dem zu lötenden Punkt auf, dadurch bleibt die Abeitstemperatur sehr niedrig und das Bauteil verzieht sich nicht.

In einem anderen Verfahren wird ein CO_2-Laser mit hoher Strahlqualität eingesetzt. Im konkreten Beispiel wurden Pkw-Scheibenwischergestänge, bestehend aus einer Aluminium-Knetlegierung, gefügt. Beide Verfahren werden nun in Zusammenarbeit mit Industriekunden in der Praxis eingesetzt. Durch eine Automatisierung könnte Aluminium zukünftig in vielen Bereichen Stahlwerkstoffe ersetzen. » Pkw-Scheibenwischergestänge, ca. 130 × 310 mm

NEW WELDING PROCESS FOR ALUMINUM Aluminum is light and does not rust. It is an ideal material, but hitherto welding aluminum components posed a problem. The oxide layer on the surface that forms from the oxygen in the air prevents chemical bonds.

The development of new laser technologies that are well-suited to welding and soldering now enable non-contact welding of aluminum with great precision and at high speeds. One of these processes is two-phase lasering: the first laser ray causes thermal tension on the surface of the component, and this causes the oxidation layer to split off. The second ray melts the surface of the aluminum at the point to be joined, the working temperature thus remains very low and there is no distortion of the component.

In another process, a CO_2 laser with high-quality rays is used. In the example here, car windscreen wiper rods (made of an aluminum wrought alloy) are combined. The two processes are now being practiced in cooperation with industrial clients. By virtue of automation, aluminum will in future replace steel materials in many areas. » Car windscreen wiper rods, approx. 130 × 310 mm

---

Fraunhofer-Institut IPT

↓ **GEWICHT** GERING

↓ **ARBEITS-/HERSTELLUNGSAUFWAND** GERING

FORM NEUE ANWENDUNGSMÖGLICHKEITEN FÜR ALUMINIUM

↓ **WEIGHT** LIGHT

↓ **EXPENDITURE FOR LABOUR AND PRODUCTION** LOW

FORM NEW USES FOR ALUMINUM

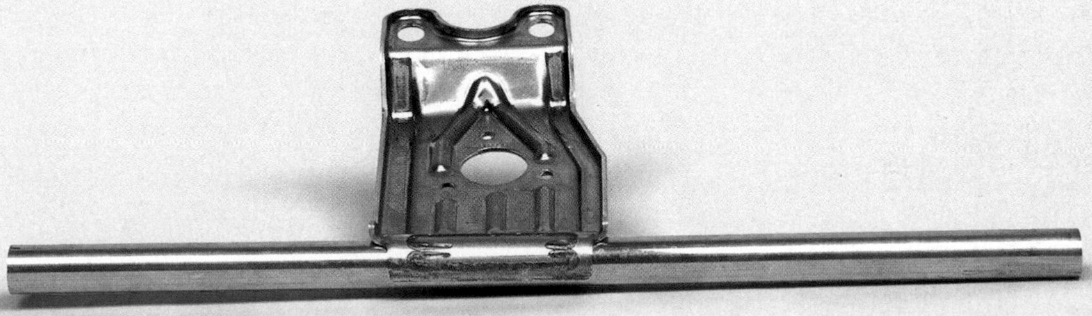

30

MTEX® ist die Bezeichnung für ein neues thermisches Beschichtungsverfahren, mit dem Metalle auf textile Trägermaterialien aufgebracht werden. Für dieses Verfahren können sowohl anorganische als auch organische, grobe- oder feinmaschige, gewebte oder gestrickte Faserstoffe und sämtliche Metalle verwendet werden. Die Wahl des Metalls und des Textils wird durch die Ansprüche des Verwendungszwecks bestimmt. Die Metall-Textil-Verbundwerkstoffe können sowohl steif und starr als auch flexibel sein. Selbst innerhalb eines Bauteils kann durch Variation der Metallauflage ein so genannter Gradientenwerkstoff erzeugt werden, der kontinuierliche Übergänge zwischen extrem steif bis weich aufweist.

Das Mtex®-Verfahren ermöglicht neben der Beschichtung von Bahnware auch die Herstellung von Formteilen, indem ein geeignetes Mtex®-Material kalt verformt oder ein bereits vorgeformtes Trägermaterial nachträglich beschichtet wird. Das Material kann durch die klassischen textilen Verbindungstechniken wie Nähen, Kleben, Nieten miteinander verbunden werden, aber auch durch metallische Verbindungen wie das Schweißen. Das Eigenschaftsprofil umfasst neben der hohen thermischen Dauerbeständigkeit eine stets gleichbleibende innige Verzahnung der Metallbeschichtung in das Trägermaterial. Da Mtex®-Textilien hitzereflektierend und sogar unbrennbar sind, könnten zukünftige Anwendungen auch der Brandschutz von Gebäuden sein. » Verschiedene Mtex® Proben, je 100 × 100 mm

MTEX® is the term for a new thermal coating method which enables metals to be applied to textile backings. The methods can be used for both organic and inorganic, coarse or fine woven or knitted fibers and for all metals. The choice of metal and textile is determined by the requirements associated with the particular purpose. The metal/textile composites can be both rigid or flexible. By varying the metal coat, a gradient material, as it is called, can be created within one and the same component – which then has consistent transitions from extremely stiff to soft.

The Mtex® process can be used not only to coat line ware but also in the production of molded parts, as a suitable Mtex® material can be cold formed or a preformed backing material can be coated after the initial process. The material can be connected using classic textile linking techniques such as sewing, gluing or riveting – and it can be joined using metal connections such as welding. The features range from high thermal durability to a consistent, never-changing inner dovetailing of metal coating and backing material. Since Mtex® textiles reflect heat and are not flammable one future application may be in fire protection for buildings. » Different Mtex® specimens, each 100 × 100 mm

---

Frenzelit-Werke GmbH & Co. KG

↑ **TEMPERATURBESTÄNDIGKEIT** SEHR GUT, BIS 650°C
↑ **FLAMMENRESISTENZ** NICHT BRENNBAR
↓ **GEWICHT** GERING, 30–150g/m FÜR ALUMINIUMBESCHICHTUNG
↑ **OBERFLÄCHENBESTÄNDIGKEIT** SEHR GUT
↑ **BIEGEFESTIGKEIT / FESTIGKEIT** VON TEXTIL BIS BLECH
↓ **VOLUMEN** GERING
KOMFORT FLEXIBLE, LEICHTE SICHERHEITSKLEIDUNG
↓ **ENERGIEVERBRAUCH** NIEDRIG
ÖKOLOGIE SCHADSTOFFFREI
↓ **ARBEITS-/HERSTELLUNGSAUFWAND** GERING

↑ **TEMPERATURE RESISTANCE** VERY GOOD UP TO 650°C
↑ **INCENDIARY RESISTANCE** NOT BURNABLE
↓ **WEIGHT** LIGHT, 30–150g/m FOR A COAT OF ALUMINUM
↑ **SURFACE STRENGTH** VERY GOOD
↑ **RESISTANCE TO BENDING / STRENGTH** QUALITIES FROM TEXTILE TO SHEET METAL
↓ **VOLUME** LOW
ADVANTAGES FLEXIBLE, LIGHT SAFETY CLOTHING
↓ **ENERGY USE** LOW
ECOLOGICAL FACTORS FREE OF POLLUTANTS
↓ **EXPENDITURE FOR LABOUR AND PRODUCTION** LOW

PLATINEN-HYDROFORMING bzw. Innenhochdruck-Blechumformung (IHB) sind Begriffe für Umformverfahren unter Anwendung flüssiger Wirkmedien. In unserem Beispiel einer Automobil-B-Säule werden Innenschale und Außenschale in einem Arbeitsgang ausgeformt. Dies geschieht in einem Werkzeug bestehend aus Ober- und Unterwerkzeug, in dem jeweils die Gravur (Form) der Innen- bzw. Außenschale eingearbeitet ist. Die Ausgangsplatinen werden in unverschweißtem Zustand übereinanderliegend zwischen die beiden Werkzeughälften gelegt und nach dem Schließen des Werkzeuges wird ein flüssiges Wirkmedium (Wasser-Öl-Emulsion) mit hohem Druck zwischen die beiden Platinen gegeben. Durch den Druck verformen sich die Platinen. Anschließend kann der Druck abgebaut und beide Werkzeughälften auseinander gefahren werden, um die ausgeformten Teile zu entnehmen.

Die Vorteile gegenüber dem konventionellen Tiefziehen sind eine gleichmäßigere Verteilung der erreichten Umformgrade, größere Ziehtiefen und die Realisierbarkeit von komplexen Geometrien. Weiterhin können gleich zwei Teile mit unterschiedlichen Ziehtiefen in einem Werkzeug und einem Arbeitsgang hergestellt werden. Auch standardisierte Rohre können in der IHB so verformt werden, dass sie seitliche Ausbuchtungen oder dergleichen erhalten. Tiefziehstähle, hochfeste Stähle, Edelstahl, Aluminium, aber auch innovative Werkstoffsysteme wie Sandwich-Bleche und bereits lackierte Bleche können umgeformt werden. » Automobil-B-Säule aus lackiertem Blech, 1400 × 700 mm

PLATE HYDROFORMING or internal high-pressure sheet forming are terms for forming methods using liquid active substance. In our example of an automobile B column the inner shell and outer shell are formed in a single step. This is achieved using a machine tool consisting of an upper and a lower tool, into which the sink (mold) for the inner or outer shell has been inserted. The original plates are placed unwelded on top of each other in the two tool sections and the mold is then closed; a liquid medium (a water/oil emulsion) is then injected at high pressure between the two plates. The pressure reforms the plates. The pressure can then be reduced and the two mold halves open out so that the newly shaped parts can be removed.

The advantages compared with conventional deep extrusion are that a more even spread of the degree of reforming is achieved, greater extrusion depth and the fact that complex geometries can be handled. Moreover, two parts with different extrusion depths can be manufactured in one and the same machine in a single processing step. The method can also be used to form standardized tubes, giving them sideways bulges or the like. Deep-extruded steel, high-tensile steel, high-grade steel, aluminum, and even innovative materials systems such as sandwich sheet metal and pre-painted sheet metals can thus be formed, too. » Automobile B column made of painted sheet metal, 1400 × 700 mm

---

Fraunhofer-Institut IWU

↑ **FLAMMENRESISTENZ** GUT	↑ **INCENDIARY RESISTANCE** GOOD
↑ **DICHTE / GEWICHT** GERING, CA. 7,5 g/cm³, 20% NIEDRIGER ALS STAHL	↑ **DENSITY / WEIGHT** LIGHT, CA. 7.5 g/cm³, 20% LESS THAN STEEL
↑ **KRATZFESTIGKEIT / OBERFLÄCHENBESTÄNDIGKEIT** GUT, GLATT	↑ **RESISTANCE TO SCRATCHING / SURFACE STRENGTH** GOOD; SMOOTH
↑ **ZUGFESTIGKEIT / ELASTIZITÄT** GUTE ZUGFESTIGKEIT, GUT	↑ **TENSILE STRENGTH / ELASTICITY** GOOD TENSILE STRENGTH; GOOD
↓ **VOLUMEN** REDUZIERT	↓ **VOLUME** REDUCED
↓ **ENERGIEVERBRAUCH** NIEDRIG	↓ **ENERGY USE** REDUCED
FORM HOHE PRÄZISION	**FORM** HIGH PRECISION

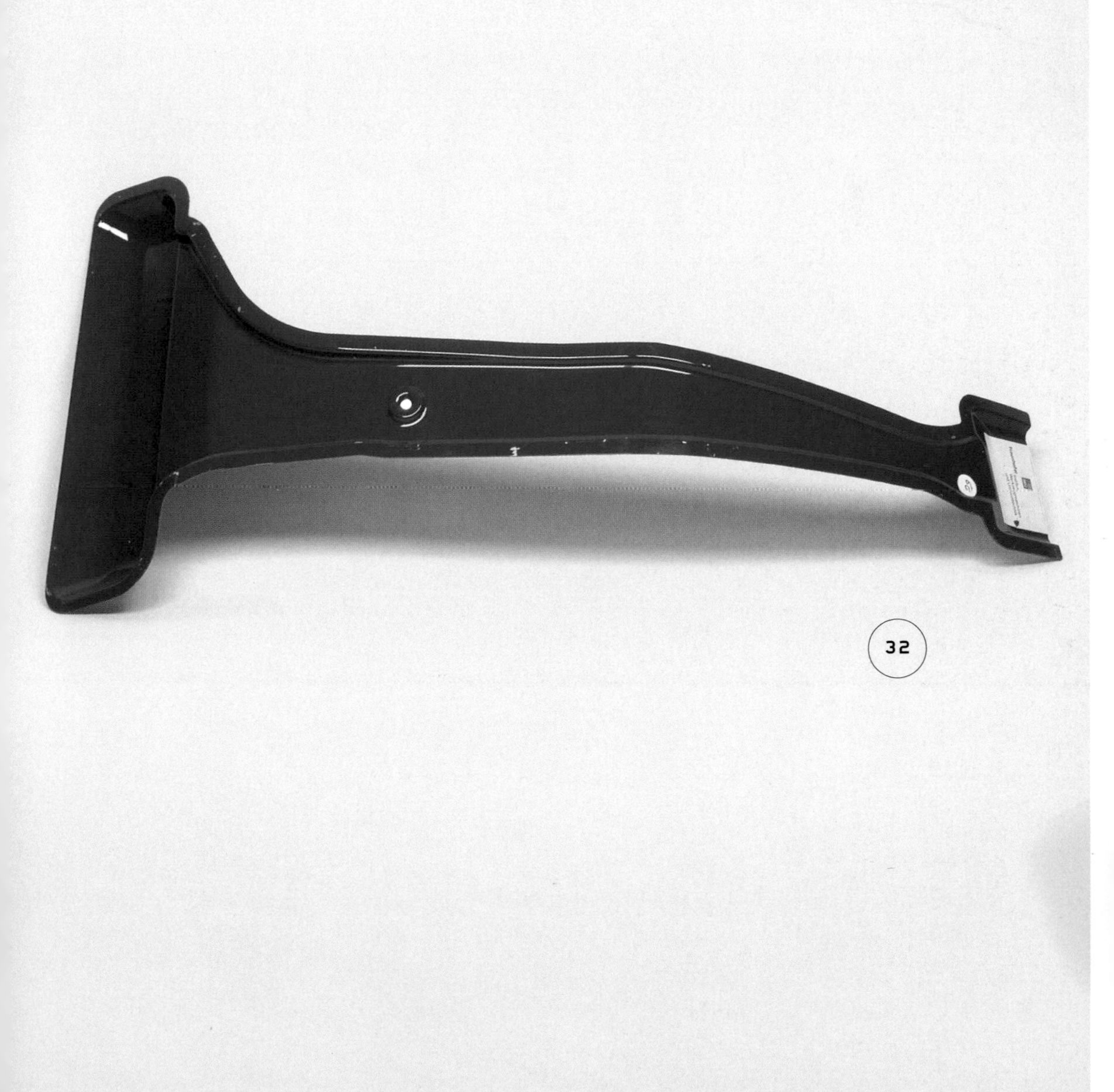

32

Die WÖLBSTRUKTURIERUNG ist ein neu entwickeltes Verfahren, in dem sich „natürliche" Strukturen durch spontane Selbstorganisationsprozesse bilden. In der Evolution wurde stets nach den stabilsten, widerstandsfähigsten und dabei materialminimiertesten Lösungen gestrebt. So sind zum Beispiel die Panzer von Schalentieren und Bienenwaben bekannte Beispiele für die Bildung natürlicher formsteifer Strukturen. Bei der Wölbstrukturierung suchen sich Werkstoffe unter Belastung (hydraulischer Druck von außen) eine neue optimale Form. Dies ist so zu erklären: Das belastete Material „wehrt" sich zunächst gegen den äußeren Druck, kann ihm aber nicht widerstehen. Es nimmt einen instabilen Zustand ein und verfaltet sich. Das Besondere ist, dass es dies nicht beliebig tut, sondern dass es sich in regelmäßige hexagonale Strukturen einfaltet und dadurch seine Stabilität erhöht. Das Material wird dadurch wesentlich formstabiler und steifer als das Ausgangsmaterial und besitzt dadurch eine sehr gute Biegefestigkeit. Nicht nur Bleche, sondern auch Kunststoffe, Pappen und Papiere können wölbstrukturiert werden. Diese Werkstoffe bieten ganz neue Einsatzbereiche, da bei gleicher Steifigkeit die Materialdicke vermindert werden kann und dünne wölbstrukturierte Werkstoffe viel größeren Belastungen ausgesetzt werden können. » 0,4 mm starkes wölbstrukturiertes Blech, 90 × 90 mm

CONVEX STRUCTURING is a newly-developed method whereby "natural" structures emerge as a result of spontaneous self-organization processes. Evolution has always aspired to achieve the most stable solution with the highest resistance and a minimized use of material. For example, the armor of crustaceans and honeycombs are well-known examples of the formation of natural non-deformable structures. In the case of convex structuring, when subjected to strain (hydraulic pressure from outside) materials seek to achieve the new optimal form. We can explain this as follows: the material subject to pressure initially "resists" the external pressure but is not able to withstand it. It adopts a new unsteady state and folds. The unique thing here is that the new shape is not of a random nature, but the result of folds that form a regular hexagonal structure which thus lends the object even greater stability. In this manner, the material's form becomes substantially more stable and as a consequence very resistant to bending. Not only sheet metal, but also plastics, cardboard and paper can be convex structured. These materials can then be used for quite new applications, as the thickness of the material can be reduced without it losing its rigidity, and thin convex-structured materials can be exposed to greater strain. » 0.4 mm-thick convex-structured sheet metal, 90 × 90 mm

---

Dr. Mirtsch GmbH

↓ **DICKE** ALUMINIUM MAX. 1,2 mm, STAHL MAX. 0,8 mm

↑ **OBERFLÄCHENBESTÄNDIGKEIT** GUT

↑ **BIEGEFESTIGKEIT/BELASTBARKEIT/FESTIGKEIT** SEHR GUT, 2× BIEGEFESTER ALS UNSTRUKTURIERTES BLECH

↓ **VOLUMEN** REDUZIERT, CA. 50% WENIGER MATERIALDICKE

KOMFORT SCHALLDÄMMEND

ÖKOLOGIE MATERIAL- UND ENERGIEEIN-SPARUNG

↓ **ARBEITS-/HERSTELLUNGSAUFWAND** GERING

↓ **THICKNESS** ALUMINUM MAX. 1.2 mm, STEEL MAX. 0.8 mm

↑ **SURFACE STRENGTH** GOOD

↑ **RESISTANCE TO BENDING/RESISTANCE TO STRAIN/STRENGTH** VERY GOOD, 2× MORE RESISTANT TO BENDING THAN UNSTRUCTURED SHEET METAL

↓ **VOLUME** REDUCED, CA. 50% LESS DENSITY OF MATERIAL

ADVANTAGES SOUND-PROOF

ECOLOGICAL FACTORS LOW RAW MATERIAL CONSUMPTION AND ENERGY USE

↓ **EXPENDITURE FOR LABOUR AND PRODUCTION** LOW

NATURE-TECH

HOLZSCHAUM wird aus Reststoffen, die bei der Holzverarbeitung anfallen, wie Holzstaub und Holzspäne, hergestellt. Sie werden mit Hilfe von Mikroorganismen wie Hefepilzen und Bakterien in einem biotechnologischen Verfahren zu einer geschäumten Holzpaste, ähnlich einem Brotteig, vergoren. Diese Paste wird anschließend in einem Spezialofen getrocknet. Es entsteht ein harter, leichter, poröser Werkstoff, dessen Eigenschaften mit denjenigen einer Spanplatte verglichen werden können und dessen Herstellung rein biotechnologisch ohne chemische Zusätze erfolgt. SLP – Stärkegebundene leichte Holzwerkstoffplatte – so die Bezeichnung für diesen Werkstoff, kann als Platte oder als Mittellage für Plattenwerkstoffe im Möbelbau gefertigt werden. Es lässt sich problemlos schleifen, sägen, hobeln, bohren, schrauben und leimen. Mit einem entsprechenden Werkzeug kann sogar ein Formteil aus Holzschaum hergestellt werden. Das Material ist wasserlöslich und kann aus diesem Grund bedenkenlos getrennt und entsorgt bzw. wieder verarbeitet werden.

SLP ist noch nicht auf dem Markt erhältlich, Ende 2004 soll die erste Industrieanlage die Produktion aufnehmen. » Platte aus Holzschaum, belegt mit verschiedenen Deckmaterialien, 290 × 110 × 19 mm

FOAM WOOD is made of residual materials that arise during wood processing, such as wood dust or chippings. By means of micro-organisms such as yeasts and bacteria they are transformed by biotechnological fermentation into a foamed wood paste similar to bread dough. This paste is then dried in a special oven. The end product is a hard, light and porous material with features similar to those of chipboard – manufactured purely by biotechnology and thus without chemical additives. SLP – starch-bonded light wooden boards – can be made as panels or as filler for board materials in furniture making. It can be readily sanded, sawn, planed, drilled, screwed and glued. In fact, using the relevant machine tool, molded parts made of wood foam can be produced. The material is water soluble and can therefore be disposed of separately without any eco-impact or be re-used.

SLP is not yet on the market, but at the end of 2004 the first industrial plants are scheduled to start production. » Foam wood board covered with various materials, 290 × 110 × 19 mm

↓ **FLAMMENRESISTENZ** BRENNBAR

↓ **DICHTE / GEWICHT** GERING, SLP 226–309 kg/m³, (MDF 732 kg/m³)

↓ **OBERFLÄCHENBESTÄNDIGKEIT** PORÖS, KRÜMELIG

↑ **BIEGEFESTIGKEIT / DRUCKFESTIGKEIT** SLP 0,9 – 1,57 N/mm³ (MDF 22 N/mm³), SLP 0,6 – 2,4 N/mm³ (MDF 2,5 N/mm³)

ÖKOLOGIE AUS RESTSTOFFEN, BIOLOGISCH ABBAUBAR, RECYCLEBAR

↓ **ARBEITS- / HERSTELLUNGSAUFWAND** GERING

FORM PLATTENMATERIAL, FORMTEIL

↓ **INCEDIARY RESISTANCE** BURNABLE

↓ **DENSITY / WEIGHT** LIGHT, SLP 226–309 kg/m³, (MDF 732 kg/m³)

↓ **SURFACE STRENGTH** POROUS, CRUMBLY

↑ **RESISTANCE TO BENDING / RESISTANCE TO PRESSURE** SLP 0.9–1.57 N/mm³ (MDF 22 N/mm³), SLP 0.6–2.4 N/mm³ (MDF 2.5 N/mm³)

ECOLOGICAL FACTORS MADE OF LEFT OVER MATERIAL; BIODEGRADABLE, RECYCLABLE

↓ **EXPENDITURE FOR LABOUR AND PRODUCTION** LOW

FORM PLATE MATERIAL, MOLDED PARTS

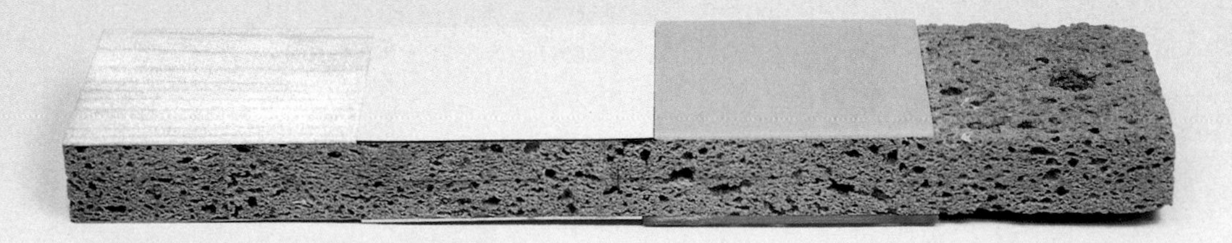

34

WELLBOARD ist ein Plattenwerkstoff, der formal an Trapezbleche oder Wellkunststoffplatten erinnert. Das aus 100% Cellulose bestehende Tafelmaterial wird mittels Hitze und Druck im Wickelpappenverfahren zu wellenförmigen Platten gepresst. Dazu werden keine zusätzlichen Klebstoffe verwandt. Die Wellenstruktur, die es in verschiedenen Arten und Abmessungen gibt, verleiht dem Plattenwerkstoff orthogonal zur Wellenrichtung eine sehr gute Stabilität.

Wellboard wird in der Abmessung von 6×3m als Rollenmaterial geliefert und lässt sich mit den üblichen Holzbearbeitungsverfahren weiterverarbeiten und oberflächenveredeln. Da es recyclierfähig ist und aus nachwachsenden Rohstoffen besteht, stellt Wellboard eine ökologische Alternative zu anderen wellenförmigen Plattenwerkstoffen dar und eignet sich für verschiedenste Anwendungen im Messe- und Möbelbausegment. » Verschiedene Wellenstrukturen, je 210×297mm

WELLBOARD is a board material reminiscent in formal terms of trapezoidal sheet metals or corrugated plastic panels. Made completely of cellulose, this paneling material is pressed into corrugated boards by means of heat and pressure using the millboard method. No additional adhesives are used. The corrugated structure is available in different types and sizes and ensures the panels are very stable orthogonally to the direction of the corrugation.

Wellboard is on offer in rolls of 6×3m and can then be worked or surface-finished using the usual wood processing methods. Since it is recyclable and consists of regenerative materials, Wellboard a en ecological alternative to other corrugated board materials and is suited for a wide variety of applications in the trade-fair and furniture-making sectors. » Different corrugated structures, each 210×297mm

---

Well Ausstellungssystem GmbH

↑ **TEMPERATURBESTÄNDIGKEIT** GUT, BIS 100°C

↑ **FLAMMENRESISTENZ** GUT

↓ **GEWICHT** GERING, 1,25–2,7 kg/m³

↑ **ELASTIZITÄT** IN EINE RICHTUNG BIEGBAR

↓ **VOLUMEN** GERING

ÖKOLOGIE BIOLOGISCH ABBAUBAR, REGENERATIVER ROHSTOFF

↓ **ARBEITS-/HERSTELLUNGSAUFWAND** GERING

FORM GEWELLTER HOLZWERKSTOFF

BESONDERE EIGENSCHAFTEN IM ENGEN RADIUS BIEGBAR, HOHE STABILITÄT

↑ **TEMPERATURE RESISTANCE** GOOD UP TO 100°C

↑ **INCENDIARY RESISTANCE** GOOD

↓ **WEIGHT** LIGHT; 1.25–2.7 kg/m³

↑ **ELASTICITY** BENDABLE IN ONE DIRECTION

↓ **VOLUME** LOW

ECOLOGICAL FACTORS REGENERATIVE RAW MATERIAL, BIODEGRADABLE

↓ **EXPENDITURE FOR LABOUR AND PRODUCTION** LOW

FORM WAVEY WOODEN MATERIAL

SPECIAL CHARACTERISTICS BENDABLE WITHIN A SMALL RADIUS; HIGH STABILITY

VERBUNDWERKSTOFF AUS NACHWACHSENDEN ROHSTOFFEN Dieses Kompositmaterial kann die gleichen Festigkeiten wie GFK (glasfaserverstärktem Kunststoff) erreichen, es besteht jedoch aus Biopolymeren und Naturfasern. Die Biopolymere werden aus Zuckerrüben, Kartoffeln, Mais, Pflanzenölen oder aus Altpapierzellulose gewonnen. Die Faservliese werden aus Flachs, Hanf oder Ramie hergestellt. Diese Bioverbunde wurden zunächst für die Luft- und Raumfahrt und nun für Anwendungen in der Automobilindustrie entwickelt. Verbundwerkstoffe aus nachwachsenden Rohstoffen werden im klassischen Laminierverfahren verarbeitet, können aber auch zu Formteilen gepresst, gewickelt und stranggepresst werden.

Das Besondere ist, dass sie CO_2-neutral verbrannt bzw. kompostiert werden können. Wird bei der Verarbeitung ein biologisch abbaubares Biopolymer verwendet, lässt sich der gesamte Verbund im Kompost verrotten. Aufgrund der Festigkeitswerte können viele herkömmliche Verbundwerkstoffe durch recyclierbare und ökologische Bauteile aus diesem Werkstoff ersetzt werden. » Schutzhelm aus nachwachsenden Rohstoffen, ca. 320 mm

COMPOSITE MADE OF RENEWABLE RESOURCES This composite material has the same rigidity as FRP (fiberglass-reinforced plastic), but is composed of biopolymers and natural fibers. The biopolymers are extracted from sugar beets, potatoes, maize, plant oils or cellulose produced from waste paper. The fiber fleeces are made of flax, hemp or ramie fiber. This bio-composite was initially developed for the aerospace industry and has now been adapted for the automobile industry. Composites made of renewable raw materials are processed by classic laminating, can be pressed into molds, twined and extrusion molded.

The special thing about them is that they can be burned with a neutral CO_2 balance or composted. If a biologically degradable biopolymer is used in the processing, then the entire composite can be confined to the compost bin after use. Given the rigidity levels achieved, many of the usual composites can be replaced by recyclable or ecological components made from this composite. » Protective helmet made of renewable resources, approx. 320 mm

---

DLR Deutsches Zentrum für Luft- u. Raumfahrt, Schuberth Helme GmbH

↓ **GEWICHT** GERING

↑ **KRATZFESTIGKEIT / OBERFLÄCHENBESTÄNDIGKEIT** SEHR GUT

↑ **FESTIGKEIT / BIEGEFESTIGKEIT / BELASTBARKEIT** SEHR GUT

↓ **VOLUMEN** GERING

ÖKOLOGIE RECYCLEBAR, BIOLOGISCH ABBAUBAR

↓ **ARBEITS- / HERSTELLUNGSAUFWAND** DURCHSCHNITTLICH

FORM BELIEBIG

FUNKTION KANN NICHT-RECYCLEBARES GFK ERSETZEN

↓ **WEIGHT** LIGHT

↑ **RESISTANCE TO SCRATCHING / SURFACE STRENGTH** VERY GOOD

↑ **STRENGTH / RESISTANCE TO BENDING / RESISTANCE TO STRAIN** VERY GOOD

↓ **VOLUME** LOW

ECOLOGICAL FACTORS RECYCLABLE, BIODEGRADABLE

↓ **EXPENDITURE FOR LABOUR AND PRODUCTION** AVERAGE

FORM DISCRETIONARY

USES REPLACEMENT FOR NON-RECYCLABLE FRP

ANORGANISCH GEBUNDENE NATURSTOFFKOMPOSITE bestehen überwiegend aus jährlich nachwachsenden Pflanzenfasern wie Stroh oder Elefantengras. Diese Pflanzenfasern werden mit einem anorganischen, nanoskaligen Bindemittel, das nichttoxisch, schwer entflammbar und wasserabweisend ist, gebunden. Da Pflanzenhalme sich durch sehr gute statische Eigenschaften in ihrer Längsrichtung auszeichnen, wurde ein Sandwich-Plattenwerkstoff mit gerichteten Halmen entwickelt. Dessen Mittelschicht besteht aus orthogonal zur Plattenfläche stehenden kurzen Halmen, die Deckschichten bestehen aus dünnen Faserplatten. Die Mittellage aus Halmen verleiht dem Plattenwerkstoff eine extrem hohe Druck- und Biegefestigkeit und stellt aufgrund der guten mechanischen Eigenschaften eine Alternative zu Honeycomb-Sandwichplatten aus Kunststoff dar.

Im Leichtbau und bei der Entwicklung von Low-cost-housing-Konzepten und Produkten könnten anorganisch gebundene Naturstoffkomposite zukünftig Verwendung finden, da unterschiedliche Pflanzenfasern aus verschiedenen Klimazonen verwendet werden können. » Sandwich-Platte aus anorganisch gebundenem Naturstoffkomposit, 230 × 230 × 24 mm

INORGANICALLY BONDED NATURAL COMPOSITES consist primarily of fibers from perennial plants, such as straw and elephant grass. These plant fibers are then bonded using an inorganic, nano-scale bonding agent that is non-toxic, water repellent and inflammable. Since plant stalks have prime structural properties lengthways, a sandwich composite board has been developed using stalks standing straight. The middle layer consists of short stalks running orthogonally to the surface, and the covering layers are made of thin fiberboard. The middle filler made of stalks means the board material is highly pressure and bend-resistant; given its superb mechanical properties, it is an alternative to plastic honeycomb sandwich boards.

In the future, inorganically bonded natural composites will be utilized for lightweight building purposes and when developing low-cost housing concepts and products, as different plant fibers from different climatic zones can be used. » Sandwich board made of inorganically bonded natural composite, 230 × 230 × 24 mm

---

INM Institut für Neue Materialien

↑ **TEMPERATURBESTÄNDIGKEIT** SEHR GUT, ÜBER 400°C

↑ **KORROSIONSBESTÄNDIGKEIT** SEHR GUT, GLASÄHNLICH

↑ **FLAMMENRESISTENZ** NICHT ENTFLAMMBAR

↑ **KRATZFESTIGKEIT / OBERFLÄCHENBESTÄNDIGKEIT** GUT

↑ **BELASTBARKEIT** GUT

↓ **ELASTIZITÄT** NIEDRIG

ÖKOLOGIE REGENERATIVER ROHSTOFF

FUNKTION SANDWICHMATERIAL

↑ **TEMPERATURE RESISTANCE** VERY GOOD, ABOVE 400°C

↑ **RESISTANCE TO CORROSION** VERY GOOD, SIMILAR TO GLASS

↑ **INCENDIARY RESISTANCE** NOT INFLAMMABLE

↑ **RESISTANCE TO SCRATCHING / SURFACE STRENGTH** GOOD

↑ **RESISTANCE TO STRAIN** GOOD

↓ **ELASTICITY** LOW

ECOLOGICAL FACTORS REGENERATIVE RAW MATERIAL

USES MATERIAL FOR SANDWICH PANELS

COMMODITY-VERBUNDMATERIALIEN Gegenwärtig wird in der Forschung intensiv nach Möglichkeiten gesucht, Glasfasern als Verstärkungsmaterial für Thermoplaste (glasfaserverstärkter Kunststoff, GFK) durch geeignete organische Fasermaterialien zu ersetzen. Zum einen soll eine verbesserte Recyclier- bzw. Entsorgbarkeit erreicht werden, zum anderen verspricht die Substitution der relativ schweren Glasfasern eine Gewichtsreduktion des fertigen Bauteils.

In der Forschung wurde nun ein Commodity-Verbundmaterial auf der Basis von Polypropylen (PP) entwickelt, das unter Beimengung von hochfesten cellulosischen Regeneratfasern zu guten Ergebnissen führt. Die Eigenschaften von glasfaserverstärkten Compounds werden von ihm erreicht oder übertroffen. Als Vorteil des entwickelten Materials ist insbesondere zu nennen, dass PP ein vielseitig verwendbarer, sehr gut recyclierbarer und gleichzeitig relativ preiswerter Kunststoff ist. Außerdem besitzt das entstandene Commodity-Verbundmaterial sehr gute Festigkeit, hohe Bruchdehnung, ausgezeichnetes Schlagzähigkeitsverhalten auch bei tiefen Temperaturen und weist eine Reduktion der Schwindung bei der Verarbeitung sowie eine Gewichtsreduktion auf. Commodity-Verbundmaterialien können im Spritzgussverfahren verarbeitet werden. Der Werkstoff lässt sich bohren und schneiden.

Die ersten Anwendungen im Bereich der Innenraum-Systeme von Automobilen wurden positiv getestet und sollen in Produktion gehen. Aber auch in der Herstellung von anderen Produkten könnte GFK durch die ökologischeren Commodity-Verbundmaterialien ersetzt werden. » Spritzgegossenes Brüstungsteil, Innenraum Automobil, ca. 1000 × 220 mm

COMMODITY COMPOSITE MATERIALS At present, researchers are busy searching for ways of replacing fiberglass as reinforcing materials for thermoplastics (fiberglass-reinforced plastics, FRP) with suitable organic fibrous materials. On the one hand, the intention is to improve recycling and disposal features; on the other, substituting the relatively heavy glass fibers could reduce the weight of finished components.

Researchers have now developed a commodity composite on a polypropylene basis that has performed well with an additive of high-tensile cellulose regenerative fibers, matching or topping the properties of the fiberglass-reinforced compounds. A particularly noteworthy advantage of this newly-developed material is that PP is a highly versatile plastic that is easy to recycle and also relatively cost-effective. Moreover, the existing commodity compound material is very rigid, delivers a high ductile yield, outstanding impactproofness even at low temperatures and reduces loss during processing as well as overall weight. Commodity compounds can be processed by injection molding. The material can be drilled and cut.

The first applications for auto interior systems have passed the tests and are expected to go into production. But FRPs could also be replaced by the eco-friendly commodity composits manufacturing other products. » Injection-molded faring section, automobile interior, approx. 1000 × 220 mm

---

Fraunhofer-Institut IAP

↑ **TEMPERATURBESTÄNDIGKEIT** GUT, 115°C

↓ **GEWICHT/DICHTE** GERING, 1 g/cm³

↑ **KRATZFESTIGKEIT/OBERFLÄCHENBESTÄNDIGKEIT** GUT

↑ **FESTIGKEIT** SEHR GUT, 70–90 MPa

↑ **SCHLAGZÄHIGKEIT** SEHR GUT, AUCH IN NIEDRIGEN TEMPERATUREN, BIS 90 kJ/m

ÖKOLOGIE RECYCLEBAR

BESONDERE EIGENSCHAFT SEHR GUTE VERARBEITUNG

↑ **TEMPERATURE RESISTANCE** GOOD, 115°C

↓ **WEIGHT/DENSITY** LIGHT; 1 g/cm³

↑ **RESISTANCE TO SCRATCHING/SURFACE STRENGTH** GOOD

↑ **STRENGTH** VERY GOOD; 70–90 MPa

↑ **IMPACT RESISTANCE** VERY GOOD EVEN IN LOW TEMPERATURES; UP TO 90 kJ/m

ECOLOGICAL FACTORS RECYCLABLE

SPECIAL CHARACTERSTICS EASY TO WORK WORTH

38

BIOPLAST® Dieser Kunststoff wird auf der Basis von nachwachsenden Rohstoffen ohne Zusatz von Farbpigmenten hergestellt. Für die Herstellung werden verschiedene, vollständig biologisch abbaubare Ingredienzien, größtenteils aus nachwachsenden Materialien, compoundiert, aufgeschmolzen und zu Granulat verarbeitet. Der Kunststoff kann dann auf für thermoplastische Werkstoffe modifizierten Verarbeitungsmaschinen zum Beispiel spritzgegossen und extrudiert werden. Er ist biologisch abbaubar und kompostierbar. Bioplast® verfügt über gute mechanische Eigenschaften und gute Wärmeformbeständigkeit. Die Oberfläche weist eine sehr angenehme Haptik auf.

Die Zerfallszeit in einer biologisch aktiven Umgebung (Kompost oder gesunder Boden) ist vergleichbar mit der von unbehandeltem Holz. Der Kunststoff wird dort in Kohlendioxid und Wasser umgewandelt. Bioplast® ist ein Beispiel dafür, dass biologisch abbaubare Kunststoffe aus nachwachsenden Rohstoffen inzwischen das Stadium der minderwertigen Werkstoffe hinter sich gelassen haben und ohne weiteres zu qualitativ hochwertigen Produkten verarbeitet werden können. » Golfties aus Bioplast®, 1 Golftie ca. 38 mm

BIOPLAST® This plastic is manufactured using renewable resources and without the addition of color pigments. The production process involves different, completely biodegradable ingredients, mainly renewable materials that are compounded, joined by melting and then processed to form pellets. Using machines modified for thermoplastic materials, the plastic can then be injection molded and extruded. It is biologically degradable and compostable. Bioplast® exhibits good mechanical features and good thermoforming consistency. The surface has very comfortable tactile properties.

The decay time in a biologically active environment (compost or healthy ground) is comparable with that of untreated wood. The plastic is then transformed into carbon dioxide and water. Bioplast® is an example of how biologically degradable plastics made of renewable materials have long since ceased to be inferior materials and can now be processed to form qualitatively high-grade products. » Golf tees made of Bioplast®, 1 golf tee approx. 38 mm

---

KVT GmbH & Co. KG

↑ **TEMPERATURBESTÄNDIGKEIT** GUT, −10–65°C

↓ **GEWICHT / DICHTE** GERING, 1,3 ml/g

↑ **OBERFLÄCHENBESTÄNDIGKEIT** GLATT, ANGENEHME HAPTIK

↑ **FESTIGKEIT / BIEGEFESTIGKEIT / ELASTIZITÄT** GUT

↓ **THERMISCHE AUSDEHNUNG** KEINE

ÖKOLOGIE REGENERATIVE ROHSTOFFE, BIOLOGISCH ABBAUBAR, WASSERLÖSLICH, SCHADSTOFFFREI

↓ **ARBEITS- / HERSTELLUNGSAUFWAND** GERING

↑ **TEMPERATURE RESISTANCE** GOOD, −10–65°C

↓ **WEIGHT / DENSITY** LIGHT; 1,3 ml/g

↑ **SURFACE STRENGTH** SMOOTH, PLEASANT HAPTICS

↑ **STRENGTH / RESISTANCE TO BENDING / ELASTICITY** GOOD

↓ **THERMAL EXPANSION** NONE

ECOLOGICAL FACTORS REGENERATIVE RAW MATERIALS, BIODEGRADABLE, WATER SOLUBLE, NON-POLLUTING

↓ **EXPENDITURE FOR LABOUR AND PRODUCTION** LOW

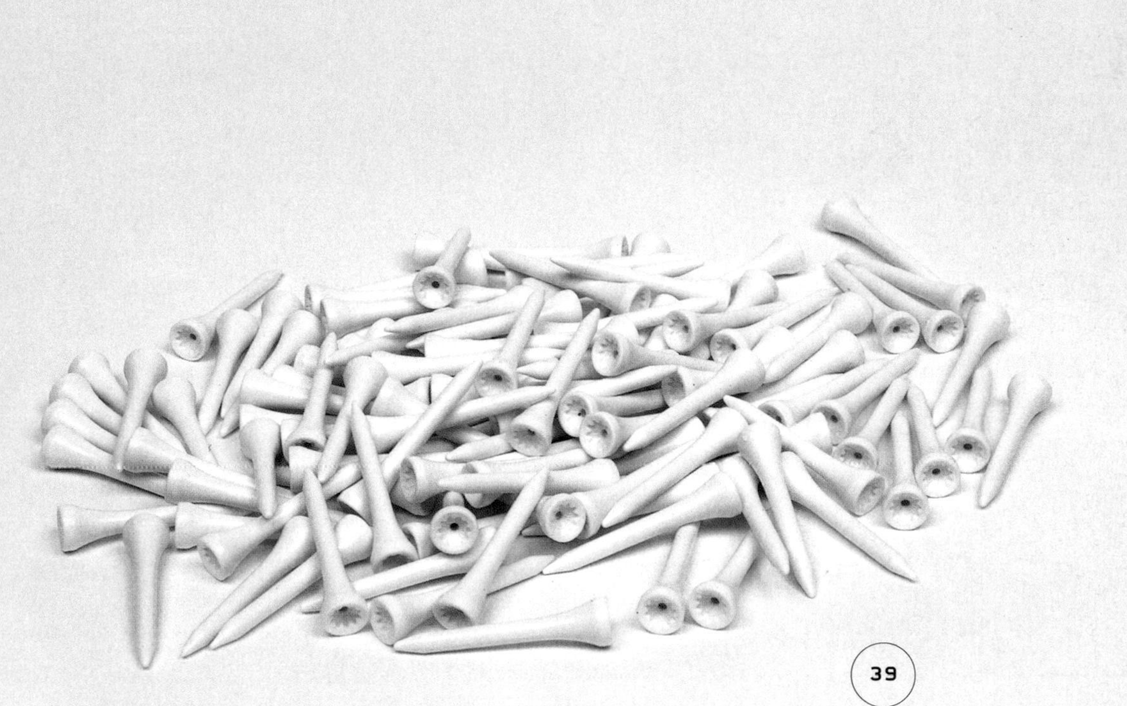

FLASCHEN AUS MAIS Für die Herstellung dieser Flaschen wurde der erste vollständig auf Mais-Basis hergestellte Kunstoff, der mit traditionellen petrochemischen Kunststoffen konkurrieren kann, verwendet. Es ist der erste Kunststoff (NatureWorks PLA®) aus nachwachsenden Rohstoffen, der die gleiche Transparenz und die gleichen mechanischen Eigenschaften wie PET (Polyethylen-Terephtalat) besitzt. Darüber hinaus bietet er Geschmacks- und Aromaschutz. Da Mais statt Mineralöl als Rohstoff verwendet wird, beansprucht dieser Werkstoff 20 bis 50 Prozent weniger fossile Ressourcen als vergleichbare Kunststoffe und ist zudem vollständig kompostierbar. Aufgrund dieser Merkmale handelt es sich um ein ideales Material für hochwertige Verpackungen. Es ist ähnlich präzise formbar wie PET und kann mit herkömmlichen Spritzgussmaschinen und in vergleichbarer Geschwindigkeit verarbeitet werden. » Flaschen aus NatureWorks PLA®, Höhe: große Flasche 290 mm, kleine Flasche 150 mm

BOTTLES MADE OF MAIZE These bottles were produced using the very first plastic made exclusively with materials derived from maize – it can compete as an equal with the traditional petrochemical plastics. It is the first plastic (NatureWorks PLA®) manufactured using renewable sources and possesses the same transparency and mechanical properties as PET (polyethylene-terephthalate). Moreover, it protects the contents taste and aroma. Since maize was used as the base material, rather than crude oil, the bottle requires 20–50 percent lower inputs of fossil resources than do comparable plastics and can, moreover, be fully composted after use. Thanks to these qualities, it is an ideal material for high-grade packaging. Indeed, it can be molded just as precisely as PET and can be processed on the customary injection-molding machines at the usual speed. » Bottle from NatureWorks PLA®, big bottle 290 mm, small bottle 150 mm

---

Cargill Dow LLC

↓ **TEMPERATURBESTÄNDIGKEIT** GERING

↑ **KRATZFESTIGKEIT / OBERFLÄCHENBESTÄNDIGKEIT** GUT, TRANSPARENT, GLATT

↑ **FESTIGKEIT / BIEGEFESTIGKEIT / BELASTBARKEIT** GUT

ÖKOLOGIE REGENERATIVER ROHSTOFF, BIOLOGISCH ABBAUBAR

↓ **ARBEITS- / HERSTELLUNGSAUFWAND** NIEDRIG

FUNKTION KANN HERKÖMMLICHE KUNSTSTOFFE ERSETZEN

↓ **TEMPERATURE RESISTANCE** MINIMAL

↑ **RESISTANCE TO SCRATCHING / SURFACE STRENGTH** GOOD, TRANSPARENT, SMOOTH

↑ **STRENGTH / RESISTANCE TO BENDING / RESISTANCE TO STRAIN** GOOD

ECOLOGICAL FACTORS REGENERATIVE RAW MATERIAL, BIODEGRADABLE

↓ **EXPENDITURE FOR LABOUR AND PRODUCTION** LOW

USES CAN REPLACE TRADITIONAL SYNTHETIC MATERIALS

SCHAUMSTOFF AUS SONNENBLUMENÖL In der Produktion dieses Schaumstoffes wird erstmals das Basismaterial Erdöl durch Sonnenblumenöl ersetzt. Im Kaltschaumverfahren entstehen beim Zusammenfügen der drei Komponenten Alkohol, Öl und Wasser in einer Polyaddition CO_2-Gas und Wärme, sodass die Masse aufschäumt. Im Gegensatz zu anderen Verfahren ist keine Fremdwärme bzw. Energie nötig und der Prozess ist FCKW-frei. Der Schaumstoff ist offenporig und kann, wie andere Schaumstoffe auch, in unterschiedlichen Härten und Porengrößen hergestellt werden. Die Herstellung der jeweiligen Produkte erfolgt durch Formschäumung oder Zuschnitt aus Blockware. Bisher wird der Schaumstoff aus nachwachsenden Rohstoffen nur zur Herstellung von Matratzen verwendet. Er könnte aber auch in anderen Bereichen weniger umweltfreundliche Schäume ersetzten. » Teil aus einer Matratze, 480 × 360 × 200 mm

FOAM MADE FROM SUNFLOWER SEED OIL In order to produce this foam, for the very first time instead of crude oil, sunflower seed oil has been taken as the base material. During the cold-foaming process, the combination of three components (alcohol, oil and water) by poly-addition CO_2-gas and heat arise, meaning that the mass foams. Unlike other procedures, no outside heat or energy is required, and the process is also CFC-free. The foam has open pores, and, like other foams, can be produced in different degrees of hardness and in a variety of pore sizes. The manufacture of the respective products is simply a matter of molding the foam or cutting it from blocks. To date, this foam based on renewable resources is only used to make mattresses. However, it could replace less eco-friendly foams in other fields, too. » Part of a mattress, 480 × 360 × 200 mm

---

Metzeler Schaum GmbH

↑ **FESTIGKEIT / BELASTBARKEIT** SEHR GUT

KOMFORT SEHR GUT

ÖKOLOGIE REGENERATIVE ROHSTOFFE

↓ **ARBEITS- / HERSTELLUNGSAUFWAND** GERING

FORM BELIEBIG

FUNKTION ÖKOLOGISCHER SCHAUMSTOFF

↑ **STRENGTH / RESISTANCE TO STRAIN** VERY GOOD

USER FRIENDLINESS VERY GOOD

ECOLOGICAL FACTORS REGENERATIVE RAW MATERIALS

↓ **EXPENDITURE FOR LABOUR AND PRODUCTION** LOW

FORM DISCRETIONARY

USES ECOLOGICAL FOAM

41

AKTIVE VERPACKUNGEN Natürliche Farbstoffe in Lebensmitteln, Kosmetika, Pharmazeutika und anderen Produkten sind bei Einwirkung von Licht und Sauerstoff häufig für Geschmacks- und Farbveränderungen verantwortlich. Dies geschieht, wenn lichtempfindliche Bestandteile die eingestrahlte Lichtenergie aufnehmen, diese auf Sauerstoff übertragen und dadurch oxidative Reaktionen auslösen. So reagieren zum Beispiel Chlorophyll (Farbstoff des Blattgrüns) oder Riboflavin (Vitamin B) auf diese Weise. Aus diesem Grund werden empfindliche Produkte durch dunkle oder nicht transparente Verpackungen geschützt. Die Forscher des Fraunhofer-Instituts IVV haben aktive Verpackungsfolien entwickelt, die transparent sind und in die dieselben natürlichen Farbstoffe eingearbeitet sind, die das verpackte Produkt enthält. Dadurch werden genau die kritischen Wellenlängenbereiche des Lichtes, die für den beschleunigten Zerfall des Produktes verantwortlich sind, bereits durch die Farbstoffe in der Folie herausgefiltert bevor sie auf den Verpackungsinhalt treffen.

In mit Chlorophyll oder Riboflavin gefärbten Verpackungen bleiben Nahrungsmittel deutlich länger lagerfähig. » Die grüne Folie enthält Chlorophyll, die rechte Folie Riboflavin, Höhe: 145 mm

ACTIVE PACKAGING Natural dyes in foods, cosmetics, pharmaceuticals and other products are often the cause of changes in taste or color if exposed to light and oxygen. This occurs if light-sensitive components absorb the light energy, transpose this onto the oxygen and thus trigger oxidative reactions. For example, both chlorophyll (leaf-green dye) or riboflavin (vitamin B) react in this way. For this reason, sensitive products are often protected by dark or non-transparent packaging. Researchers at the Fraunhofer Institute IVV have developed active packaging foils that are transparent and into which the same natural dyes are worked that the packaged products themselves contain. In this way, precisely the critical wavelengths of light that cause the swifter decay of the product are filtered out by the dyes in the foil before they progress as far as the packaging contents.

Foods can be stored for decidedly longer periods of time in packaging dyed using chlorophyll or riboflavin. » The green foil contains chlorophyll, the one on the right riboflavin, height: 145 mm

---

Fraunhofer-Institut IVV

↑ **FESTIGKEIT/FLEXIBILITÄT** ENTSPRECHEND HERKÖMMLICHEN VERPACKUNGSFOLIEN
KOMFORT VERLÄNGERT DIE HALTBARKEIT VERGÄNGLICHER PRODUKTE
ÖKOLOGIE ABFALLREDUZIERUNG
FORM FOLIE, EVENTUELL SPRITZGIESSBAR

↑ **STRENGTH/FLEXIBILITY** SIMILAR TO TRADITIONAL FOILS FOR PACKAGING
ADVANTAGES INCREASES SHELF LIFE OF PRODUCTS THAT SPOIL
ECOLOGICAL FACTORS REDUCES WASTE
FORM FOIL, POTENTIAL FOR INJECTION MOULDING

BIOMORPHE KERAMIK ist ein keramischer Werkstoff, der den strukturellen Aufbau von pflanzlichen Strukturen und die Materialeigenschaften von Keramik besitzt. Während eines ersten Prozessschrittes wird cellulosehaltiges Material, so zum Beispiel Eiche, durch Pyrolyse („Verbrennung" ohne Sauerstoff) in eine Kohlenstoffstruktur umgewandelt. Die entstandene Matrix (Struktur) wird mit Silizium angereichert und zu einem keramischen Werkstoff modifiziert, in dem die biologischen Strukturen sichtbar bleiben. So entsteht ein Werkstoff, der z.B. den strukturellen Aufbau von Eichenholz und die Materialeigenschaften wie Hitze-, und Verschleißfestigkeit von Keramik besitzt.

Durch die Verschiedenartigkeit der verfügbaren pflanzlichen Strukturen, können keramische Werkstoffe in völlig neuen Anwendungsbereichen, wie zum Beispiel für spezifische Filter, eingesetzt werden. » Buchensperrholzplatte vor, und nach der Pyrolyse als geschrumpfte schwarze Keramikplatte, 250 × 250 mm

BIOMORPHIC CERAMICS is a form of ceramics that possesses the structure of plants and the materials used for ceramics. During the first process stage, the basic material, which must have a cellulose content (for example, oak) is transformed into a carbon structure by pyrolysis ("combustion" without oxygen). The resulting matrix (structure) is enriched using silicon and modified to form a ceramic material in which the biological structures remain visible. In this way, a material arises that exhibits for example the structure of oakwood and yet has the material properties of ceramics – resistance to heat and durability.

Owing to the differences in available plant structures, the ceramic materials can be utilized for completely new applications, such as for special filters. » Beech plywood panel before pyrolysis and afterwards, shrunk to form a piece of black ceramic, 250 × 250 mm

---

DLR Deutsches Zentrum für Luft- und Raumfahrt

↑ **TEMPERATURBESTÄNDIGKEIT** SEHR GUT, BIS 1400°C

↑ **FLAMMENRESISTENZ** SEHR GUT

↑ **GEWICHT / DICHTE** HOCH, 2,8 g/cm³

↑ **KRATZFESTIGKEIT / OBERFLÄCHENBESTÄNDIGKEIT** GUTE ABRIEB- UND VERSCHLEISSFESTIGKEIT

↑ **FESTIGKEIT / BIEGEFESTIGKEIT / BELASTBARKEIT** SEHR GUT, 120 MPa

ÖKOLOGIE GUTE ENERGIEAUSNUTZUNG IN HOCHTEMPERATUR-ANWENDUNGEN

↑ **ARBEITS- / HERSTELLUNGSAUFWAND** HOCH

FORM BELIEBIG, 60 % SCHRUMPFUNG WÄHREND PYROLYSE

FUNKTION FILTER, HOCHTEMPERATUR-ANWENDUNGEN

↑ **TEMPERATURE RESISTANCE** VERY GOOD, UP TO 1400°C

↑ **INCENDIARY RESISTANCE** VERY GOOD

↑ **WEIGHT / DENSITY** HEAVY; 2.8 g/cm³

↑ **RESISTANCE TO SCRATCHING / SURFACE STRENGTH** GOOD RESISTANCE TO ABRASION AS WELL AS TO WEAR AND TEAR

↑ **STRENGTH / RESISTANCE TO BENDING / RESISTANCE TO STRAIN** VERY GOOD, 120 MPa

ECOLOGICAL FACTORS GOOD USE OF ENERGY IN HIGH TEMPERATURE APPLICATIONS

↑ **EXPENDITURE FOR LABOUR AND PRODUCTION** HIGH

FORM DISCRETIONARY, 60 % SHRINKAGE DURING PYROLYSIS

USES FILTERS, HIGH-TEMPERATURE APPLICATIONS

INTEGRIERTE INTELLIGENZ

INTEGRATED INTELLIGENCE

ANTI-FOG-BESCHICHTUNG Dieser flüssige und transparente Nanowerkstoff, der hydrophile Komponenten enthält, wird in einem Sol-Gel-Prozess hergestellt. Tröpfchen, die sich als kondensierter Wasserdampf auf die beschichtete Oberfläche legen, werden durch ihn auseinandergezogen. Es bildet sich ein dünner, geschlossener Wasserfilm auf der Oberfläche, der im Gegensatz zur gewöhnlichen Tröpfchenschicht transparent ist. Badezimmerspiegel, Brillengläser, Autoscheiben und Architekturverglasungen müssen somit nicht mehr beschlagen. Die Beschichtung lässt sich durch herkömmliche kostengünstige Verfahren auf Glas, Kunststoff und andere Materialien applizieren. » Visier eines Motorradhelmes. Die Innenseite ist mit einer Anti-Fog-Beschichtung versehen und beschlägt auch bei stärkstem Regen nicht; Breite ca. 280 mm

ANTI-FOG COATING This liquid and transparent nano-material, which contains hydrophilic components, is manufactured using a sol-gel process. Little drops that form as condensed water vapor on the coated surface are then pulled apart by it. A thin, closed film of water forms on the surface, which, unlike the usual layer of drops, is transparent. Coated in this way, bathroom mirrors, spectacle lenses, windscreens and glazing for buildings would no longer steam up. The coating can be applied in a cost-effective manner to glass, plastics and other materials. » Motorcycle helmet visor. The inside features an anti-fog coating. And does not mist up even during heavy rain, width approx. 280 mm

---

INM Institut für Neue Materialien

↑ **TEMPERATURBESTÄNDIGKEIT** GUT
↑ **FLAMMENRESISTENZ** GUT
↑ **KRATZFESTIGKEIT / OBERFLÄCHENBESTÄNDIGKEIT** SEHR GUT, TRANSPARENT
↑ **FESTIGKEIT / FLEXIBILITÄT** GUTE ABRIEBFESTIGKEIT, BIEGBAR
↓ **VOLUMEN** NANOSKALIGE BESCHICHTUNG
KOMFORT KLARE SICHT BEI FEUCHTIGKEIT
FORM AUF GLATTE MATERIALIEN UND BELIEBIGE GEOMETRIEN AUFTRAGBAR

↑ **TEMPERATURE RESISTANCE** GOOD
↑ **INCENDIARY RESISTANCE** GOOD
↑ **RESISTANCE TO SCRATCHING / SURFACE STRENGTH** VERY GOOD, TRANSPARENT
↑ **STRENGTH / FLEXIBILITY** GOOD RESISTANCE TO ABRASION; PLIABLE
↓ **VOLUME** NANOSCALE COATING
ADVANTAGES CLEAR VISION WHEN WET
FORM CAN BE APPLIED TO SMOOTH MATERIALS OF ANY SHAPE

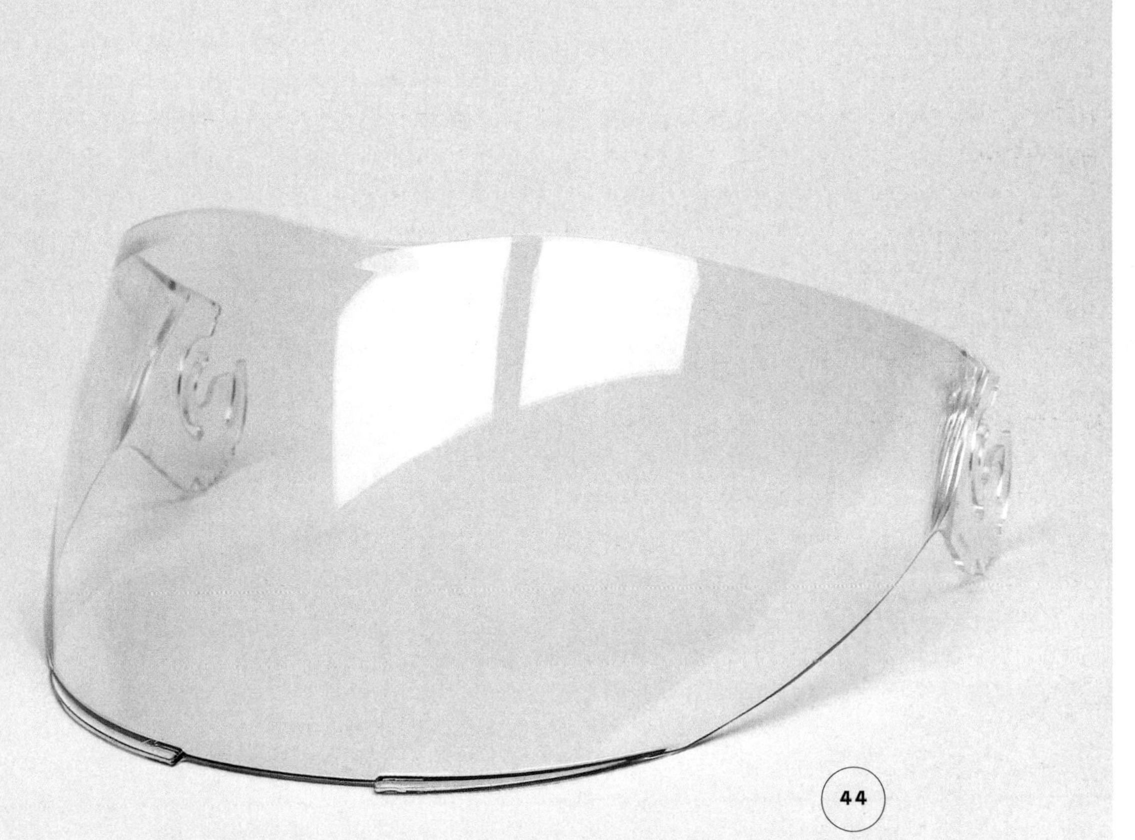

44

PHOTOCHROME BESCHICHTUNGEN sind flüssige und transparente Werkstoffe, die hauchdünn auf unterschiedliche Werkstoffe gesprüht oder gedruckt werden können. Sie werden auf der Basis von organischen photochromen Farbstoffen hergestellt und verdunkeln sich bei zunehmender Lichtstärke, oder aber sie werden farbig, sobald sie UVA- oder UVB-Strahlen ausgesetzt sind. Innerhalb von wenigen Sekunden kann die Transmission der photochromen Beschichtung, je nach Lichintensität, von 90% bis 10%, variieren. Durch die Variation der Matrix kann für unterschiedliche Anwendungen oder Lichtintensitäten die Transmission stufenlos eingestellt werden.

In ihren funktionalen Eigenschaften ähneln die photochromen Beschichtungen denen der photochromen Gläser (Sonnenbrillen). Sie sind ebenso kratzfest und können in unterschiedlichen Farben hergestellt werden. Eine weitere Besonderheit liegt jedoch darin, dass sie einen wesentlich geringeren Material- und Kostenaufwand mit sich bringen und nicht nur auf Glas, sondern auch auf alle anderen glatten Werkstoffe aufgetragen werden können. » Weiße Tonfigur wird farbig, sobald sie dem Sonnenlicht ausgesetzt wird. Höhe: 310 mm

PHOTO-CHROMATIC COATINGS are liquid and transparent materials that can be sprayed or printed wafer-thin onto various surfaces. They are manufactured on the basis of organic photo-chromatic dyes and darken with increasing light intensity – or color the moment they are exposed to UVA or UVB rays. Depending on the intensity of the ambient light, the transmission of the photo-chromatic coating can vary 90–100% within only a few seconds. By varying the matrix, the transmission can be regulated without gradations for different applications or light intensities.

In terms of functional properties, the photo-chromatic coatings resemble those used for photo-chromatic lenses (sunglasses). They are likewise scratchproof and can be manufactured in different colors. Another special feature is that they require far lower material inputs, and are cheaper to apply – not only to glass, but also to all smooth materials. » The white pottery figure turns colored the moment it is exposed to the sunlight, height: 310 mm

---

INM Institut für Neue Materialien

↑ **TEMPERATURBESTÄNDIGKEIT** GUT

↓ **GEWICHT / DICHTE** SEHR GERING

↑ **KRATZFESTIGKEIT / OBERFLÄCHENBESTÄNDIGKEIT** SEHR GUT, TRANSPARENT

↑ **FESTIGKEIT / FLEXIBILITÄT** GUTE ABRIEBFESTIGKEIT, GUT

↓ **VOLUMEN** NANOSKALIGE BESCHICHTUNG

KOMFORT INTEGRIERTER LICHTSCHUTZ, WÄRMESCHUTZ

FORM APPLIKATION AUF UNTERSCHIEDLICHSTE GLATTE MATERIALIEN UND GEOMETRIEN

FUNKTION VERRINGERUNG DER LICHTTRANSMISSION DURCH FARBVERÄNDERUNG

↑ **TEMPERATURE RESISTANCE** GOOD

↓ **WEIGHT / DENSITY** VERY LOW

↑ **RESISTANCE TO SCRATCHING / SURFACE STRENGTH** VERY GOOD, TRANSPARENT

↑ **STRENGTH / FLEXIBILITY** GOOD RESISTANCE TO ABRASION; GOOD

↓ **VOLUME** NANOSCALE COATING

ADVANTAGES INTEGRATED PROTECTION FROM LIGHT, PROTECTION FROM HEAT

FORM CAN BE APPLIED TO A WIDE VARIETY OF SMOOTH MATERIALS AND SHAPES

USES DECREASES TRANSMITTAL OF LIGHT WHEN COLORS CHANGE

GLÄSERNE FARBBESCHICHTUNG Die Färbung von Glas war bisher nur eingeschränkt möglich. Es existierte keine Technologie zur nachträglichen dauerhaften, kratz- und hitzefesten Färbung fertiger Glasprodukte. Die Farben mussten bereits in die Glasschmelze gemischt werden, was für viele Anwendungen oft zu aufwändig und kostenintensiv ist.

Die hier vorgestellte gläserne Farbbeschichtung enthält metallische Nanopartikel und ist genauso kratz- und hitzebeständig wie Glas. Durch Variation der Nanopartikel kann sie in allen Farben produziert werden, und obwohl die Beschichtung nur wenige Mikrometer (tausendstel Millimeter) dick ist, entstehen durch partielle Lichtabsorbtion kräftige Farben. Die gläserne Farbbeschichtung ist preiswert und lässt sich einfach auf unterschiedlichste Geometrien auftragen. » Halogenleuchtmittel versehen mit einer gläsernen Farbbeschichtung, Leuchtmittel 34 mm

GLASS COLOR COATINGS To date, it has only been possible to dye glass to a limited extent. There was no technology enabling the durable retrospective scratch- and heatproof dying of finished glass products. The colors had to be added to the molten glass – often too elaborate and expensive a process for many purposes.

The glass color coating presented here contains metallic nano-particles and is just as scratch- and heatproof as the glass itself. It can be produced in any color simply by varying the nano-particles, and although the coating is only a few micrometers (a thousandth of a mm) thick, thanks to its partial light absorption, striking colors arise. The glass color coating is cheap and can be simply applied to a wide variety of different geometrical shapes. » Halogen lamp with a glass color coating, lamp 34 mm

---

INM Institut für Neue Materialien

↑ **TEMPERATURBESTÄNDIGKEIT** GUT
↓ **GEWICHT / DICHTE** SEHR GERING
↑ **KRATZFESTIGKEIT / OBERFLÄCHENBESTÄNDIGKEIT** SEHR GUT, TRANSPARENT, FARBIG, GUTE ABRIEBFESTIGKEIT
↓ **VOLUMEN** NANOSKALIGE BESCHICHTUNG
↓ **ENERGIEVERBRAUCH** NIEDRIG
↓ **ARBEITS- / HERSTELLUNGSAUFWAND** GERING
FORM BELIEBIG

↑ **TEMPERATURE RESISTANCE** GOOD
↓ **WEIGHT / DENSITY** VERY LOW
↑ **RESISTANCE TO SCRATCHING / SURFACE STRENGTH** VERY GOOD, TRANSPARENT, COLORED, GOOD RESISTANCE TO ABRASION
↓ **VOLUME** NANOSCALE COATING
↓ **ENERGY USE** LOW
↓ **EXPENDITURE FOR LABOUR AND PRODUCTION** LOW
FORM DISCRETIONARY

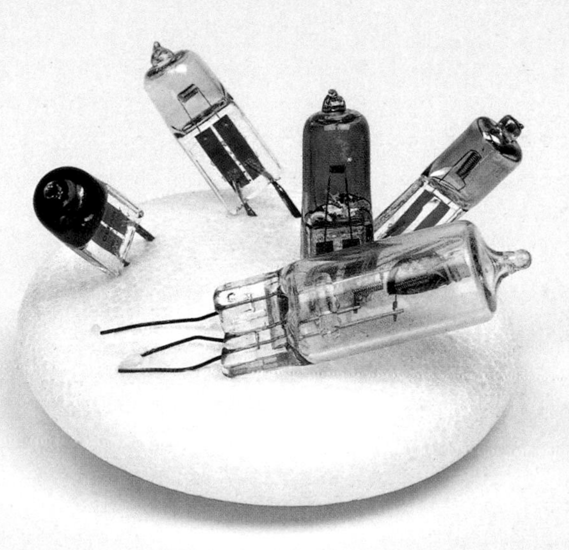

ELEKTROCHROMES DISPLAY (ECD) Die ECD-Technologie funktioniert folgendermaßen: zwischen zwei Glasscheiben befinden sich eine transparente, elektrisch leitende (TE) Schicht, eine elektrochrome (EC) Schicht, ein Lithiumionenleiter, eine Ionenspeicherschicht (IS) und wieder eine TE-Schicht. Wird elektrische Spannung angelegt, wandern Ionen zwischen den Schichten. Die Glasscheibe verdunkelt sich oder wird undurchsichtig. Soll eine partielle Farbveränderung entstehen, müssen Teilbereiche einzeln angesteuert werden. Dies ist möglich, wenn die funktionellen Schichten in quadratische Felder, eine Art Pixelfeld, unterteilt werden, die zeilen- und spaltenweise einzeln angesteuert werden kann (Matrixansteuerung). Diese Display-Technologie hat gegenüber LCDs (Display von hinten geschlossen und schwarz, zur Anzeige und Beleuchtung wird permanent Strom benötigt) den Vorteil, dass das ECD Display transparent ist und aufgrund des so genannten Memory-Effekts für das Anzeigen eines Standbildes kein Strom benötigt wird. Denn nur wenn das Bild oder die Information sich ändert, wird elektrische Spannung angelegt. Das hier gezeigte Automobilfenster ist der Prototyp eines in Serienproduktion gehenden ECD-Sonnenschutzes. Eines der Forschungsziele ist es, diese Technologie auf großen Flächen realisieren zu können, um zum Beispiel auf transparenten Architekturfassaden wechselnde Informationen ohne grossen Energieaufwand realisieren zu können. » Automobilfenster in abgedunkeltem Zustand, ca. 300 × 400 mm

ELECTRO-CHROMATIC DISPLAY (ECD) ECD technology functions as follows: a transparent, conducting (TE) layer, an elecrto-chromatic (EC) layer, a lithium ion conductor and an ion storage (IS) layer are all placed between two panes of glass. The resulting pane darkens or becomes opaque. Should the intention be a partial change of color arise, then certain sections have to be activated individually – by sub-dividing the functional layers into square fields (a kind of pixel field) that can then be activated by line or column (matrix control). Compared with LCDs (displays closed off from behind and black – require permanent electric current to activate and illuminate the display) the ECD technology has the advantage that the ECD is transparent and thanks to its memory effect it requires no power to display a frozen image. The reason: the ECD only sources electric current if the image or information changes. The car window shown here is the prototype for an ECD sun-glare protection going into mass production. One of the objectives of research here has been to enable the technology to be applied to larger surfaces, for example in order to display changing information on transparent building façades without major power inputs. » Darkened automobile window, approx. 300 × 400 mm

---

INM Institut für Neue Materialien

↑ **FESTIGKEIT / BIEGEFESTIGKEIT** SEHR GUT

↓ **DICKE** GERING, CA. 12 mm

↓ **ENERGIEVERBRAUCH** NIEDRIG

FORM ALS TRANSPARENTE SCHEIBE

FUNKTION GROSSFLÄCHIGES DISPLAY

↑ **STRENGTH / RESISTANCE TO BENDING** VERY GOOD

↓ **THICKNESS** MINIMAL, APPROX. 12 mm

↓ **ENERGY USE** LOW

FORM TRANSPARENT PLATE

USES LARGE DISPLAYS

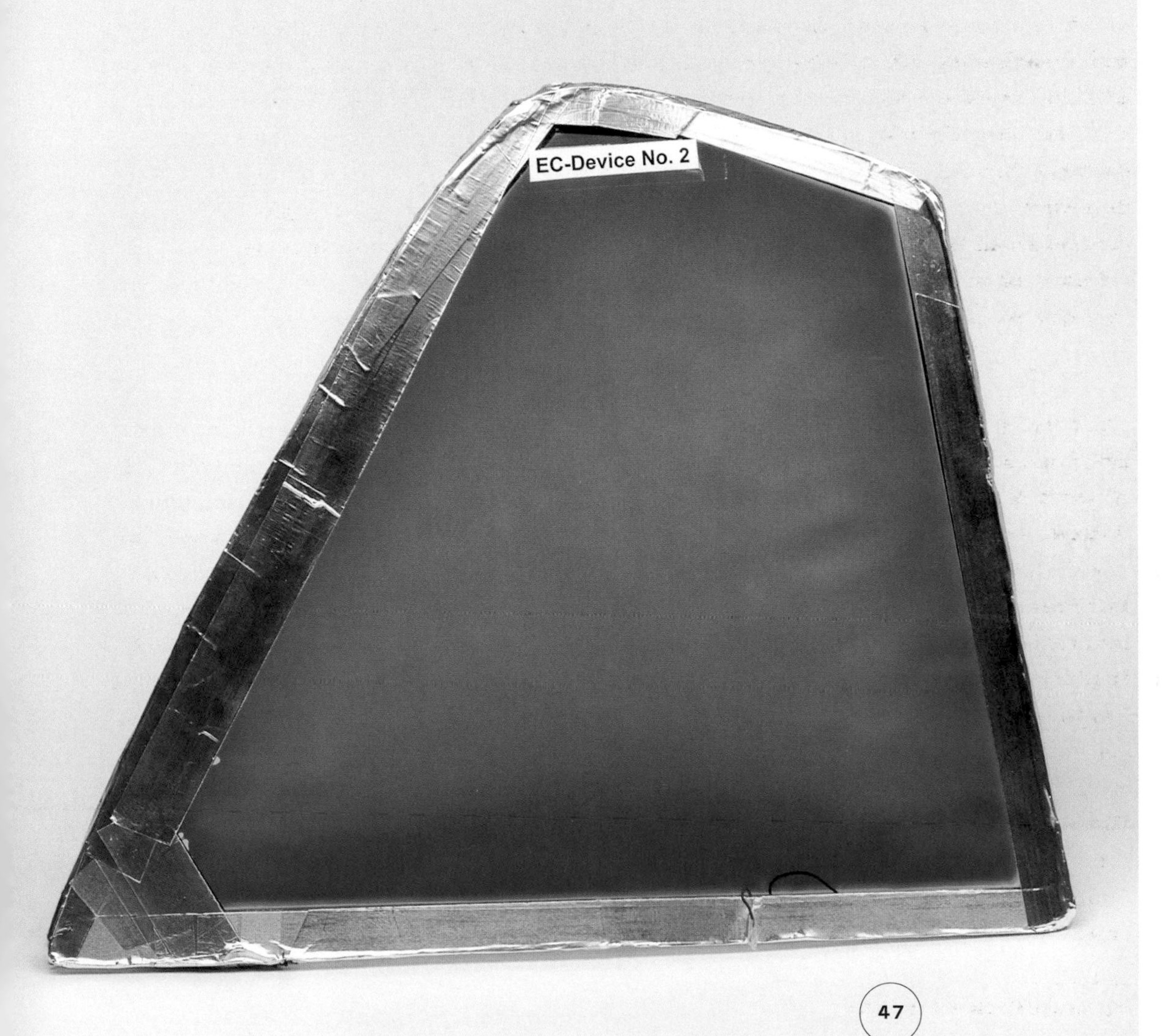

OLEDS (ORGANIC LIGHT EMITTING DIODES) bezeichnet Polymere, die unter elektrischer Spannung leuchten. Sie bestehen aus einem Substrat, einer transparenten Elektrode, im Nanometerbereich dünnen organischen Schichten und einer Gegenelektrode. Diese unterschiedlichen Schichten werden hauchdünn auf ein Trägermaterial, z.B. Glas oder transparenten Kunststoff, aufgetragen. Sobald an die transparenten Elektroden-Schichten elektrische Spannung angelegt wird, wird in den organischen Schichten Licht emittiert.

OLEDs zeichnen sich insbesondere durch geringes Gewicht, flächige Abstrahlung, hohe Energie-Effizienz, breiten Abstrahlwinkel, Farbbrillanz und große Helligkeit aus. Bisher wurde die Entwicklung dieser jungen Technologie auf Anwendungen im Displaybereich konzentriert. In der Forschung hat man nun das Potenzial dieser Technologie für den Beleuchtungssektor erkannt und beginnt neue Anwendungsfelder für OLED-Lichtquellen in unterschiedlichen Bereichen zu suchen. Durch die Einheit von Lichtquelle und Material bieten OLEDs interessante Möglichkeiten für die Produktgestaltung. » Laborgefäß mit OLEDs, 160 mm

OLEDS (ORGANIC LIGHT EMITTING DIODES) is the term for polymers that light up when electric current passes through them. They consist of a substrate, a transparent electrode, nano-meter-thin organic coatings and a backplate electrode. These different layers are applied wafer-thin to the backing material, e.g., glass or transparent plastic. As soon as the transparent layers with the electrodes are activated by inputting current the organic layers emit light.

OLEDs are exceptionally lightweight, emit light across the entire surface, are highly energy-efficient, radiate at a wide angle, with brilliant colors and great brightness. To date, the development of this new technology has focused on applications relating to displays. Researchers have long since recognized the potential this technology has for the lighting industry and are busy identifying new applications for OLED in a wide variety of areas. The unity of light source and material makes OLEDs an interesting component for product designers. » Laboratory vessel for OLEDs, 160 mm

---

Schott Glas

↑ **TEMPERATURBESTÄNDIGKEIT** GUT, −40–85°C

↑ **KORROSIONSBESTÄNDIGKEIT** SEHR GUT

↑ **FLAMMENRESISTENZ** ANALOG GLAS

↓ **GEWICHT/DICHTE** ANALOG GLAS

↑ **KRATZFESTIGKEIT/OBERFLÄCHENBESTÄNDIGKEIT** SEHR GUT

↑ **FESTIGKEIT** SEHR GUTE DRUCKFESTIGKEIT

↓ **VOLUMEN** GERING

KOMFORT EINFACHE HANDHABUNG, KEINE ELECTRONIC, NIEDERVOLT

ÖKOLOGIE SCHADSTOFFFREI

FORM BELIEBIGE 2D FORM

BESONDERE EIGENSCHAFTEN DIE ERSTE ABSOLUT FLACHE FLÄCHENLICHTQUELLE

↑ **TEMPERATURE RESISTANCE** GOOD, −40–85°C

↑ **RESISTANCE TO CORROSION** VERY GOOD

↑ **INCENDIARY RESISTANCE** LIKE GLASS

↓ **WEIGHT/DENSITY** LIKE GLASS

↑ **RESISTANCE TO SCRATCHING/SURFACE STRENGTH** VERY GOOD

↑ **STRENGTH** VERY GOOD RESISTANCE TO PRESSURE

↓ **VOLUME** LOW

ADVANTAGES EASY TO USE, NO ELECTRONICS, LOW VOLTAGE

ECOLOGICAL FACTORS NON-POLLUTING

FORM DISCRETIONARY TWO-DIMENSIONAL FORMS

SPECIAL CHARACTERISTICS THE FIRST TRULY FLAT SOURCE OF LIGHT

SHAPE-MEMORY-METALLE sind spezielle NiTi-Legierungen. Diese besitzen die Eigenschaft sich an ihre ursprüngliche Form „zu erinnern". Es existieren zwel Arten von Shape-Memory-Legierungen. Bei dem mechanischen Effekt handelt es sich um eine Legierung, die sich unter Krafteinwirkung stark verbiegen lässt, bei Nachlassen der Kraft aber sofort in die ursprüngliche Form zurückkehrt. Dieser Effekt ist von Brillengestellen bekannt. Legierungen mit thermischem Memory-Effekt „erinnern" sich an ihre ursprüngliche Form, wenn sie einer zuvor bestimmten Temperatur ausgesetzt werden. Der Prozess der Formeinprägung (shape-setting) geschieht, indem das Halbzeug aus einer NiTi-Legierung in einem Wärmeprozess in der entsprechenden Form gehalten wird. In diesem Prozess wird die kristalline Struktur des Metalls durch Erhitzen auf eine festgelegte Temperatur verändert. Nach einer ungefähr 3–8 minütigen Erwärmung wird das Bauteil in Wasser abgeschreckt. So entsteht zum Beispiel eine Feder, die unterhalb der spezifischen Umwandlungstemperatur beliebig verformt werden kann. Wird diese aber der Umwandlungstemperatur wieder ausgesetzt, „erinnert" sie sich an ihre ursprüngliche kristalline Struktur, und nimmt die alte Form wieder an.

Aufgrund dieser Shape-Memory-Eigenschaft können zum Beispiel sehr dünne Bleche oder feine Drähte, die durch Beanspruchung verformt werden, stets durch erhitzen in ihre Ausgangsform zurückversetzt werden. So bleiben Drähte von kleinen Operationszangen, die durch Adern geführt werden, unter Körpertemperatur in ihrer exakten Position. » Deformierte Federn aus Shape-Memory-Legierung; im heißen Wasser befindet sich eine Feder, die ihre ursprüngliche Form wieder angenommen hat. Feder: ø 4 mm, Länge: 20 mm

SHAPE-MEMORY METALS are special NiTi alloys that are able to "remember" their original shape. Two different types of shape-memory alloys exist. The mechanical effect involves an alloy that can be bent on the application of force, but when the force eases returns to its original shape. We are all familiar with this from spectacle frames. Alloys with thermal memory effects "remember" their original shape when exposed to a pre-defined temperature. The process of shape-setting entails the semi-finished product made of a NiTi alloy being given the requisite shape by heating. In this process, the crystalline structure of the metal changes when heated to a specific temperature. After heating for about 3–8 minutes, the component is cooled by immersion in water. The result may, for example, be a spring, which below the specific transformation temperature can be distorted at random. When exposed to the transformation temperature, however, it "remembers" its original crystalline structure and returns to the old shape.

Thanks to this shape-memory feature, for example, ultra-thin metal sheets of fine wires that distort under pressure can be returned to their original shape simply by heating. In this way, wires on the small operating tongs that are introduced into veins retain their exact position at the body's temperature. » Distorted springs made of a shape-memory alloy; the spring in the hot water has resumed its original shape, spring: ø 4 mm, length approx. 20 mm

---

Memory-Metalle GmbH

↑ **KORROSIONSBESTÄNDIGKEIT** GUT
↑ **KRATZFESTIGKEIT / OBERFLÄCHENBESTÄNDIGKEIT** GUT
↑ **BELASTBARKEIT / FESTIGKEIT** SEHR GUT
↓ **ARBEITS- / HERSTELLUNGSAUFWAND** GERING
BESONDERE EIGENSCHAFTEN FORMSTABILITÄT, GERICHTETE BEWEGUNG

↑ **RESISTANCE TO CORROSION** GOOD
↑ **RESISTANCE TO SCRATCHING / SURFACE STRENGTH** GOOD
↑ **RESISTANCE TO STRAIN / STRENGTH** VERY GOOD
↓ **EXPENDITURE FOR LABOUR AND PRODUCTION** LOW
SPECIAL CHARACTERISTICS STABLE FORM, REGULATED MOVEMENT

PIEZO-MATERIALIEN bestehen aus kristallinen Strukturen (z. B. Aluminia/Zirkonia ceramics). Diese besitzen die Fähigkeit, mechanische Impulse in elektrische zu transformieren oder aber elektrische in mechanische Impulse umzuwandeln. Sie können somit Sensor und Reaktor sein. Sobald sie mechanischen Impulsen ausgesetzt werden, erzeugen diese an den Elektroden elektrische Impulse, die u. a. in Gasanzündern genutzt werden. Verbunden mit einer elektrischen Schaltung entstehen Sensoren z. B. für Druck, Schwingungen und Schall. Massenanwendungen haben Piezokeramiken als Klopfsensoren und Rückfahrhilfen im Automobilbau, als Bildgeber in der Sonar- und Medizintechnik und in der zerstörungsfreien Werkstoffprüfung gefunden. In Gebäuden melden sie z.B. Rauch oder Risse. In umgekehrter Richtung ändern elektrische Impulse die Gestalt der Keramik. Diese Reaktion erreicht Schallgeschwindigkeit, ist äußerst kraftvoll und sehr präzise. In Kombination mit Sensoren können geregelte, sich an verändernde äußere Bedingungen in intelligenter Weise anpassende Piezo-Materialien entwickelt werden. Flugzeuge, die – ähnlich einem Vogel – die Stellung ihrer Flügel verändern, um einen optimalen Luftwiderstand zu erreichen, sind nur eine Vision. Um dies zu realisieren, werden derzeit Komposite aus piezokeramischen Fasern und Kunststoffen entwickelt, die in große Bauteile einlaminiert werden können. » Piezoelektrisches Bauteil, 52 mm

PIEZO MATERIALS consist of crystalline structures (e.g., aluminum/zirconium-based ceramics). They are capable of transforming mechanical into electrical impulses or vice versa. In other words, they can function as sensors and as reactors. The moment they are exposed to mechanical impulses, these generate electrical impulses on the electrodes, that can be used, among other things, as gas igniters. Hooked up to an electrical switch, they can form sensors, for example for pressure, oscillation and sound detection. Piezoceramics have seen mass application as knock sensors and reversing aids in the automobile industry, as image input sources in ion sonar and medical technology, and in nondestructive materials testing. In buildings, for example, they are used to detect smoke or report cracks. When running in the opposite direction, the electrical impulses change the shape of the ceramics. This reaction can reach the speed of sound, is very powerful, and extremely precise. In combination with sensors, regulated piezo-materials can be developed that intelligently adjust to changing outside conditions. Airplanes, which like birds change the position of their wings in flight in order to achieve optimal air resistance, are only a vision. In order to realize this, composites are currently being developed featuring piezo-ceramic fibers and plastics that can then be laminated onto large components. » Piezo-electrical components, 52 mm

---

Fraunhofer-Institut IKTS, Smart Material GmbH

↓ **DICKE** GERING, FASER Ø CA. 185–800 µm
↑ **ZUGFESTIGKEIT/BELASTBARKEIT** GUT
↓ **VOLUMEN** GERING
FORM BELIEBIG, INTEGRIERT IN FILME
FUNKTION SICHERHEITSBEREICHE, ENERGIEEINSPARUNG, MELDUNG VON DEFEKTEN

↓ **THICKNESS** MINIMAL, FIBRE Ø CA. 185–800 µm
↑ **TENSILE STRENGTH/RESISTANCE TO STRAIN** GOOD
↓ **VOLUME** LOW
FORM DISCRETIONARY, INTEGRATED INTO FILMS
USES SECURITY PURPOSES, SAVING ENERGY, REGISTERING DEFECTS

50

SUPERPARAMAGNETISCHE FLÜSSIGKEITEN sind Suspensionen (d.h. Aufschwemmungen feinstverteilter fester Stoffe in einer Flüssigkeit) aus mikrometergroßen Partikeln, die aus Nanopartikeln aus Eisenoxid zusammengesetzt sind. Diese Nanopartikel bewirken, dass sich der Magnetismus durch einen Magneten ein- und ausschalten lässt. Sie sind hoch magnetisch und finden Anwendung bei der Herstellung magnetischer Schalter und Dichtungen sowie magnetoptischer Schalter. Superparamagnetische Flüssigkeiten können auch Bestandteil von magnetischem Kunststoff oder Glas sein.

Ganz neue Anwendungen für superparamagnetische Flüssigkeiten werden gerade in der Medizin entwickelt. So werden zum Beispiel mit einer Art „Zuckerschicht" umgebene magnetische Partikel in Tumore gespritzt und dort von den Krebszellen gefressen. Durch Anlegen eines magnetischen Feldes geraten die Zellen in Schwingungen und werden durch die entstehende Hitze zerstört. Mikropartikel können für unterschiedliche Einsätze beschichtet werden. So können sie zum Beispiel das Genmaterial von Aidsviren im Blut oder gelöste Schwermetalle in Abwässern anziehen. » Blaue Flüssigkeit mit eingerührten Eisenoxiden (aus kleinen Röhrchen rechts). Diese verbinden sich mit den Farbstoffen. Der Magnet (links) zieht die Nanopartikel an, die Flüssigkeit wird transparenter. Flasche ca. 210 mm hoch

SUPER-PARAMAGNETIC LIQUIDS are suspensions (i.e., of minutely distributed solid materials in a liquid) made up of micrometer-sized particles composed of iron-oxide nano-particles. Thanks to these nano-particles the liquid's magnetic properties can be activated simply by turning on a magnet. The particles are highly magnetic and are used in the manufacture of magnetic switches and seals as well as magneto-optic switches. Super-paramagnetic liquids can also be part of magnetic plastics or glass.

Completely new applications for super-paramagnetic liquids are currently being developed in the field of medicine. For example, magnetic particles clad in a kind of "sugar coating" are injected into tumors and then get gobbled up by the cancer cells. By creating a magnetic field, the cells start to oscillate and are then killed by the heat thus generated. Micro-particles can be coated for different uses. For instance, they can attract the genetic material of AIDS viruses in the blood or dissolved heavy metals in waste water. » Blue liquid with iron oxides stirred in (from the small tube on the r.). These bond with the dyes. The magnet (on the l.) then attracts the nano-particles and the liquid becomes more transparent. Bottle, approx. 210 mm high

---

INM Institut für Neue Materialien

KOMFORT MEDIZIN: BEHANDLUNG VON KREBS UND AIDS

FUNKTION FILTERT METALLISCHE SCHADSTOFFE

ADVANTAGES MEDICINAL – USED IN THE TREATMENT OF CANCER AND AIDS

USES FILTERS METALLIC CONTAMINATES

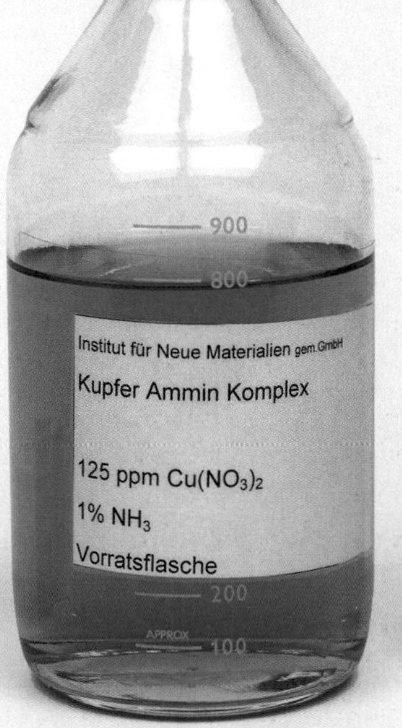

COMFORTEMP® ist ein Gewebe mit dynamischer Klima-Kontrolle durch Phase Change Materials (PCMs). Ursprünglich wurden PCMs für den Einsatz im Weltraum entwickelt. Sie verändern bei bestimmten Temperaturen ihren Aggregatzustand: von flüssig nach fest oder umgekehrt. In ComforTemp® Textilien wird PCM in Form winziger Mikrokapseln eingeschlossen. Erhöht sich die Körper- oder Umgebungstemperatur, wird das Phase Change Material flüssig und speichert die überschüssige Wärme, sinkt die Umgebungstemperatur wieder, wird das PCM wieder fest. Das Textil gibt die zuvor gespeicherte Energie wieder ab. Die Entwicklung dieser Textilien ist sehr komplex. Wann der jeweilige Phasenwechsel einsetzt und wie lange er dauern muss, ist von den entsprechenden Einsatzbereichen abhängig. Die Wärme- und Kühlkapazität der Phase Change Materials kann je nach geplanter Anwendung, ob Snowboardhandschuh oder Cityjacke, berechnet und umgesetzt werden. Diese intelligenten Textilien gleichen nicht nur extreme Temperaturen aktiv aus, sie sind außerdem atmungsaktiv und feuchtigkeitsregulierend. Zukünftige Einsatzbereiche für ComforTemp® könnten die Medizin, textiles Bauen und Sitzmöbel sein. » Verschiedene Textilien mit integrierten PCMs, je 297 × 120 mm

COMFORTEMP® is a fabric woven using phase-change materials (PCMs) and thus offering dynamic climate control. PCMs were originally developed for use in space: at a specific temperature, their aggregate state changes: from liquid to solid and vice versa. PCM is woven into the ComforTemp® textiles in the form of minute micro-capsules. If the body or ambient temperature rises, the phase-change material becomes liquid and stores the surplus heat, whereas if the ambient temperature then cools, the PCM returns to its solid state. The textile then releases the energy previously stored. Highly complex development work was needed to create these textiles. When the respective phase change occurs and how long it continues depends on the relevant application. The heating or cooling capacity of the phase-change material can be computed and exploited depending on the use required, for example a snowboard glove will entail different requirements than those of a business jacket. These intelligent textiles not only compensate extreme temperature differences but are also breathable materials that regulate moisture very effectively. In the future, ComforTemp® may well be used in the fields of medicine, textile construction work and seating. » Different textiles with integrated PCMs, each 297 × 120 mm

---

Schoeller Textil AG

↑ **TEMPERATURSKALA** AUSGLEICH VON EXTREMEN SOMMER- UND WINTERTEMPERATUREN

↓ **GEWICHT** GERING

↓ **VOLUMEN** GERING

KOMFORT KÖRPER-KOMFORTKLIMA, ATMUNGSAKTIVITÄT, FEUCHTIGKEITSREGULIERUNG

ÖKOLOGIE MATERIALREDUZIERUNG

FORM TEXTIL

FUNKTION WÄRMEAUSGLEICH

↑ **TEMPERATURE SCALE** FUNCTIONAL FOR EXTREME SUMMER AND WINTER TEMPERATURES

↓ **WEIGHT** LIGHT

↓ **VOLUME** LOW

ADVANTAGES COMFORTABLE BODY TEMPERATURE, BREATHING TEXTILE, REGULATES HUMIDITY

ECOLOGICAL FACTORS MATERIAL REDUCTION

FORM TEXTILE

USES REGULATES TEMPERATURE

FARBSTOFFDOTIERTE HYDROGELE UND THERMOCHROME POLYMERFOLIEN Diese Gele oder Folien können ihre Farbe oder ihre Transparenz verändern. Von transparent zu milchig-weiß, von transparent zu farbig oder von einer Farbe zur anderen, z. B. von gelb zu blau. Lichtdurchlässigkeit und Farbe sind auf drei Arten steuerbar: passiv durch Sonneneinstrahlung, aktiv durch elektrische Schaltung oder in einer Kopplung dieser beiden Schaltvarianten (hybride Variante). Über die Zusammensetzung der Polymermaterialien lassen sich sowohl die Schalttemperatur als auch der Grad der Transluzenz gezielt variieren. Farbstoffdotierte Hydrogele und thermochrome Polymerfolien können, eingebettet in eine Fensterverglasung, eine neue Möglichkeit zur gezielten Steuerung der Lichtdurchlässigkeit und der Farbe von Verglasungen sein. Der Effekt wäre eine Reduzierung der Wärmestrahlung und eine Lichtregulierung in den Räumen, ohne dass Verschattungsanlagen benötigt würden. Außerdem könnte die Glasfassade je nach Außentemperatur chamäleonartig ihre Farben wechseln. » Verschiedene Farben, rechts: Folie in warmes Wasser getaucht, Reaktion blau zu transparent zu blau, 25 × 60 mm

DYE-DOPED HYDROGELS AND THERMO-CHROMATIC POLYMER FOILS The gels or foils can change color or transparency: from transparent to milky-white, or from transparent to colored, or from one color to another, e.g., from yellow to blue. The light permeability and color can be controlled in three different ways: passively by exposure to sunlight, actively by electric switches or by these two switching forms being coupled to form a hybrid. The respective composition of the polymer materials enables both the switch-over temperature point and the degree of translucence to be varied with great precision. Dye-doped hydrogels and thermo-chromatic polymer foils, when embedded in window glazing, deliver a new way of carefully controlling light permeability and the tone of the glazing. The effect is to reduce heat radiation and to regulate lighting in the rooms, without any mechanical/electrical controls being required. Moreover, glass façades could change color as if they were chameleons. » Different colors. On the right: foil immersed in warm water, the reaction is blue to transparent and back to blue, 25 × 60 mm

---

Fraunhofer-Institut IAP

↑ **TEMPERATURBESTÄNDIGKEIT** GUT, −20°–100°C

↓ **GEWICHT** GERING, 100g/m²

↑ **OBERFLÄCHENBESTÄNDIGKEIT** GLATT

↑ **ELASTIZITÄT** GUT

FORM FENSTER INTEGRIERTER SONNENSCHUTZ

FUNKTION TEMPERATURSENSOR MIT FARB-REAKTION

↑ **TEMPERATURE RESISTANCE** GOOD, −20°–100°C

↓ **WEIGHT** LIGHT, 100g/m²

↑ **SURFACE STRENGTH** SMOOTH

↑ **ELASTICITY** GOOD

FORM PROTECTION FROM THE SUN INTEGRATED INTO WINDOWS

USES TEMPERATURE SENSORS WHICH CAUSE CHANGES IN COLOR

Die KEIMTÖTENDE BESCHICHTUNG enthält Nanopartikel aus Silber, die so dimensioniert sind, dass sie ständig eine geringe Zahl von Silberionen an der Oberfläche konzentrieren. Diese Silberionen töten anhaftende Mikroorganismen ab, haben auf den menschlichen Körper jedoch keine gesundheitsschädlichen Einflüsse. Mit einer dünnen Nano-Beschichtung können über Jahre Keime und Viren vernichtet werden, ohne dass Desinfektionsmittel und Reinigungsgeräte benötigt werden.

Zum Beispiel begünstigen Hörgeräte, die im Gehörgang getragen werden, das Wachstum von Mikroorganismen und führen deshalb oft zu Entzündungen im Ohr. Um den Patienten vor diesen Entzündungen zu schützen, wurde das hier gezeigte Hörgerät mit einer keimtötenden Beschichtung entwickelt. Da die keimtötende Beschichtung in Sprühverfahren, einem Lack ähnlich, auf unterschiedliche Materialien und Gegenstände aufgetragen werden kann, sind neben dem Hörgerät noch andere sinnvolle Anwendungen im Bereich Gesundheit, Hygiene und eventuell Großküche vorstellbar. » Hörgerät mit einer keimtötenden Beschichtung, ca. 16 mm

The STERILIZING COATING contains nano-particles of silver, scaled such that they continually concentrate a low number of silver ions on the surface. These silver ions kill any micro-organisms that have attached themselves to the surface and yet have no negative influence on the human body. By means of a thin nano-coating, germs and viruses can be killed over a period of years without any disinfectants or cleansing appliances being required.

For example, hearing aids worn in the auditory canal foster the growth of micro-organisms and therefore often lead to ear infections. In order to protect wearers against such infections, the hearing aid shown here features a specially-developed sterilizing coating. Since the sterilizing coating can be applied to a variety of materials and objects by spraying, as if it were a paint, in addition to hearing aids, other meaningful applications are conceivable in the fields of healthcare, hygiene and possibly in large catering units.
» Hearing aid with a sterilizing coating, approx. 16 mm

INM Institut für Neue Materialien (Audio Service)

↑ **TEMPERATURBESTÄNDIGKEIT** GUT
↑ **FLAMMENRESISTENZ** GUT
↓ **GEWICHT** NANOSKALIGE BESCHICHTUNG
↑ **OBERFLÄCHENBESTÄNDIGKEIT** GLATT, TRANSPARENT, GUTE ABRIEBFESTIGKEIT
↑ **FESTIGKEIT / FLEXIBILITÄT** GUT
↓ **VOLUMEN** SEHR GERING
KOMFORT GESUNDHEIT, HYGIENE
ÖKOLOGIE REDUZIERT REINIGUNGSPROZESSE
FUNKTION GEWÄHRLEISTUNG VON KEIM- UND BAKTERIENFREIHEIT

↑ **TEMPERATURE RESISTANCE** GOOD
↑ **INCENDIARY RESISTANCE** GOOD
↓ **WEIGHT** NANOSCALE COATING
↑ **SURFACE STRENGTH** SMOOTH, TRANSPARENT, GOOD RESISTANCE TO ABRASION
↑ **STRENGTH / FLEXIBILITY** GOOD
↓ **VOLUME** VERY LOW
ADVANTAGES FOR HEALTH AND HYGIENE
ECOLOGICAL FACTORS REDUCES NEED FOR CLEANING
USES GUARANTEES ERADICATION OF GERMS AND BACTERIA

54

FOTOKATALYTISCHE EFFEKTE finden an Oberflächen mit Titandioxid statt. Dort anhaftende organische Substanzen werden unter Lichteinstrahlung katalytisch oxidiert (kalt verbrannt) und damit in die natürlichen Bestandteile der Luft (H und O) zerlegt. Durch die Nanotechnologie ist es kürzlich gelungen, eine fotokatalytische Beschichtung herzustellen, deren Oberfläche sich selbst reinigt und die keimtötend wirkt. Sie kann wie ein konventioneller Lack aufgetragen werden.

Der Nanowerkstoff bildet bei der Beschichtung selbsttätig ein Drei-Schichten-System aus, mit dem auch Kunststoffoberflächen beschichtet werden können. Aufgrund der keimtötenden Eigenschaften könnten sinnvolle Anwendungen sowohl bei medizinischen Geräten als auch in der Lebensmittelproduktion denkbar sein. Die selbstreinigenden Oberflächen könnten auf Autos, Gartenmöbeln und Architekturfassaden aufgebracht werden. » Glasscheibe, rechte Seite mit fotokatalytischer Beschichtung. Die Scheibe wurde mit Russpartikeln bedampft. Diese haften auf der linken Seite, auf der rechten wurden sie gespalten, 130 × 130 mm

PHOTO-CATALYTIC EFFECTS take place on the surface through the use of titanium oxide. Organic substances adhering to a surface are catalytically oxidized when light falls on them (burnt cold) and thus split into the natural elements of air (H and O). Thanks to the nano-technology, scientists succeeded recently in creating a photo-catalytic coating with a self-cleansing surface that is also sterilizing. It can be applied as if it were a conventional paint.

During the coating, the nano-material independently creates a tri-layered system that can also be used to coat plastic surfaces. Given its sterilizing properties, meaningful applications could include medical apparatus as well as appliances used in the food industry. The self-cleansing surfaces could, moreover, be used in cars, garden furniture and building façades. » Glass pane, on the right with a photo-catalytic coating. Soot particles were steamed onto the pane, but adhere only on the left, whereas on the right they were split, 130 × 130 mm

---

INM Institut für Neue Materialien

↑ **KRATZFESTIGKEIT / OBERFLÄCHENBESTÄNDIGKEIT** GUT, TRANSPARENT, GLATT, GUTE ABRIEBFESTIGKEIT

↓ **VOLUMEN** NANOSKALIGE BESCHICHTUNG

ÖKOLOGIE ERSPART REINIGUNGSPROZESSE IM AUSSENBEREICH

FORM ALS BESCHICHTUNG FÜR GLASFASSADEN GARTENMÖBEL ETC.

FUNKTION SELBSTREINIGEND

↑ **RESISTANCE TO SCRATCHING / SURFACE STRENGTH** GOOD, TRANSPARENT, SMOOTH, GOOD RESISTANCE TO ABRASION

↓ **VOLUME** NANOSCALE COATING

ECOLOGICAL FACTORS ELIMINATES NEED FOR CERTAIN TYPES OF OUTSIDE CLEANING

FORM COATING FOR GLASS FAÇADES, GARDEN FURNITURE, ETC.

USES SELF-CLEANSING